東京の神社 ぶらりおさんぽ 御朱印ブック

ブルーガイド

はじめに

東京は、いろいろな時代の表情や名残が、随所に垣間見える街です。ちょっと路地をのぞいてみれば、あちこちに江戸文化の趣も残っていますし、東国武士が活躍していた時代の名所旧跡も数多くあります。また、気の遠くなるような昔にさかのぼる、先史時代の遺跡も発見されています。

それらは、東京が長い歴史を重ねてきたことの証です。そして神社は、その歴史とともに歩んできた存在といえるでしょう。古来の聖地に祀られ、多くは同じ場所に今も立つ神社は、時の流れを見守りながら、土地の移り変わりとともに変遷を繰り返してきたからです。

本書は、神社と町との関わりを訪ね歩きながら御朱印を拝受する、さんぽでめぐる御朱印ブックです。

神社と古街道の成り立ち・地名とのつながりに気づいたり、神社創建に関わった武将について造詣を深めたり。江戸開府期からこの地にある神社を訪れて、江戸＝東京の成り立ちに思いを馳せたり。高台にある神社の境内に立って、縄文時代の地形の名残をじかに感じたり。近代の開発でビルに囲まれ〝狭小〟となってしまった境内に、時代の移り変わりをしみじみと感じることもあるかもしれません。

本書と御朱印帳を携えて、そうした今まで知らなかった東京の歴史を紐解きながら、歩いてみましょう。街も神社も、御朱印も、時代を映して変化しています。今日の御朱印さんぽも、きっと今までにない新しい発見にあふれているはずです。

神社ライター　久能木紀子

神様と縁結び
東京の神社 ぶらりおさんぽ御朱印ブック

目次

第1章 訪ねたい古社

第2章 御利益さんぽ

第3章 歴史さんぽ

第4章 東京の神社を深く知ろう

神社参拝のマナー

1 鳥居の前で一礼して境内へ

鳥居はいわば神社の玄関です。まず一礼してからくぐりましょう。帰るときも同様です。

2 参道はできるだけ左右に寄って歩く

参道の中央は「正中（せいちゅう）」といって神様が通る道です。できるだけ左右に寄って歩き、横切るときは社殿に軽く一礼します。

3 手水舎（ちょうずや）で身を清める

次の手順を柄杓（ひしゃく）1杯の水で行います。

- 柄杓に水を汲む ▶
- 左手を洗う ▶
- 右手を洗う ▶
- 左手に水を受け、口をすすぐ ▶
- 左手を洗う ▶
- 残った水を柄杓の柄に流して清める

4 拝殿前で拝礼する

拝礼は次の手順で行います。拍手と祈念のときは、右手を左手より少し下げて合わせます。

- 鈴があれば3回ほど鳴らす ▶
- 静かにお賽銭を納める ▶
- 二度、拝礼する ▶
- 二度、拍手する ▶
- 神様へのご挨拶と感謝、お願い事を祈念する ▶
- 一度、拝礼する

御朱印拝受のマナー

境内では心静かに過ごす

鳥居をくぐったら、そこからは神様の住まう領域。大きな声で話をしたり、音楽などを鳴らしたりするのは厳禁です。

御朱印は参拝のあとでいただく

必ず参拝をすませてから、社務所（授与所）で「御朱印をお願いします」と挨拶します。持参した御朱印帳があれば、開いて手渡します。書いていただいている間は、絶対に話しかけてはいけません。受け取るときは「ありがとうございます」とお礼を言い、初穂料を納めます。

＊「初穂料」という呼び名は、神社に初穂（その年最初に収穫した農産物）を納めていたころの名残です。御朱印帳やお守りなどの価格も「初穂料」と称します。

あらかじめ小銭を用意しておく

初穂料を納める際に、高額紙幣を出すのはマナー違反です。必ず前もって小銭を用意しておきましょう。

御朱印と御朱印帳は大切に扱う

人の手で書かれる御朱印は一枚ずつ異なっており、二つと同じものはありません。いわばこの世界で一枚だけのもの。そうしたところもまた御朱印の魅力のひとつであるといえます。お札やお守りと同じように、神様の御分霊として丁寧に扱ってください。

御朱印帳は、神棚や清潔な棚などに納めます。一枚ずつの御朱印は、専用の箱や引き出しなどにしまいましょう。

季節の御朱印との出会い

本書に掲載した神社では、時期によりこんな御朱印も拝受できます。日本の四季を映した繊細なデザインが、心に残ります。

＊御朱印は 2019 年 2 月～ 2020 年 1 月のものです。今後変更される場合があります。

太子堂八幡神社

▶ P81

11 月の御朱印から「七五三」。太子堂八幡神社では、四季の風物や行事をテーマに、毎月 2 種類前後の御朱印を頒布している。

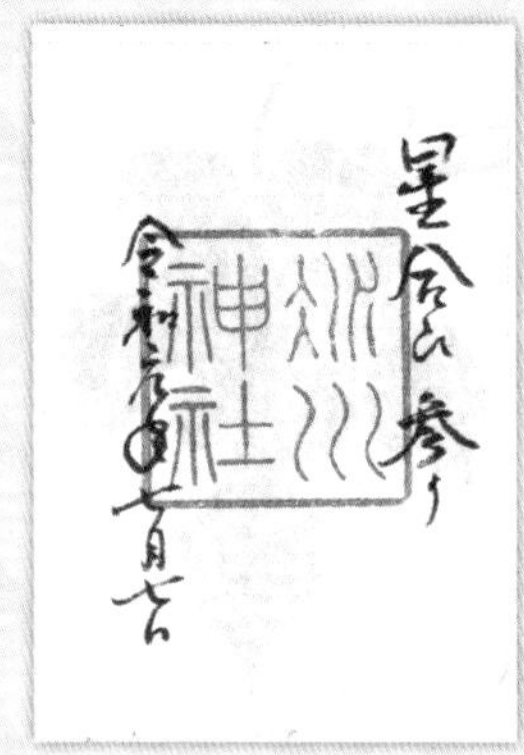

赤坂氷川神社

▶ P42

七夕の神事にちなみ、短冊の由来とされる「梶の葉」をモチーフとした「星合ひ参り」の御朱印。7 月 1 日～ 8 日の期間限定。

阿佐ヶ谷神明宮

▶ P58

美濃和紙に刺繍を入れた秋の特別御朱印「大和がさね　秋」。イチョウ（左）と紅葉（右）の 2 種類ある。2020 年以降は未定。

赤坂氷川神社

▶ P42

神社のシンボル、大イチョウの葉をデザインした季節の御朱印「大銀杏」。11 月 10 日～ 18 日の期間限定。

赤坂氷川神社

▶ P42

和紙を２枚重ねた「さくら参り」の御朱印。花びらの型抜きがかわいらしい。３月下旬〜４月初めの期間限定。

谷保天満宮

▶ P74

毎年２月下旬〜３月上旬に開催される「梅まつり」の限定御朱印。写真は平成 31 年 (2019) のもので、年によりデザインが変わる場合がある。

新宿諏訪神社

▶ P54

令和２年の元日から頒布されたお正月の御朱印。個性的なイラストは神社神職の作品。

日吉八王子神社

▶ P112

境内に咲く梅と麻の葉紋様をデザインした春（1 月〜３月）の御朱印。神職の奥様が手押しで制作している。

＊頒布は期間・数量限定です。詳細は各神社のHPなどでご確認ください。

本書の使い方

- 神社の名称、祭神の表記は、各神社のものに合わせました。同じ祭神でも表記が異なる場合があります。
- 「御祭神」「御利益」は主なものを表記しています。
- 各神社のデータに使用した記号は以下を表しています。

  …所在地　…電話番号　…最寄り駅からのアクセス
- 本書に掲載した情報は令和2年(2020)2月末日のものです。今後変更される場合があります。
- 本書に掲載した御朱印・社殿などの写真はすべて各神社より掲載許可をいただいています。ブログ・HPなどの電子データを含む無断転載は固くお断りします。

第1章 訪ねたい古社

東京・江戸ができるはるか昔から
当地を見守り続けてきた神社の数々。
さんぽでめぐれば、往時の景色が見えるかも。

古社の由緒をたずね、かつての門前町を歩く

コース① 根津から本郷三丁目

本郷台地と上野台地の谷底に延びる不忍通りに沿って、北から南へ古社を訪ねます。古い商店や民家の残る町並み、春は桜が彩る不忍池など、みどころも多い楽しいコースです。

スタート **根津駅** …… 6分 …… ❶ 根津神社 …… 30分 …… ❷ 湯島天満宮 …… 15分 ……
❸ 櫻木神社 …… 1分 …… ゴール **本郷三丁目駅**

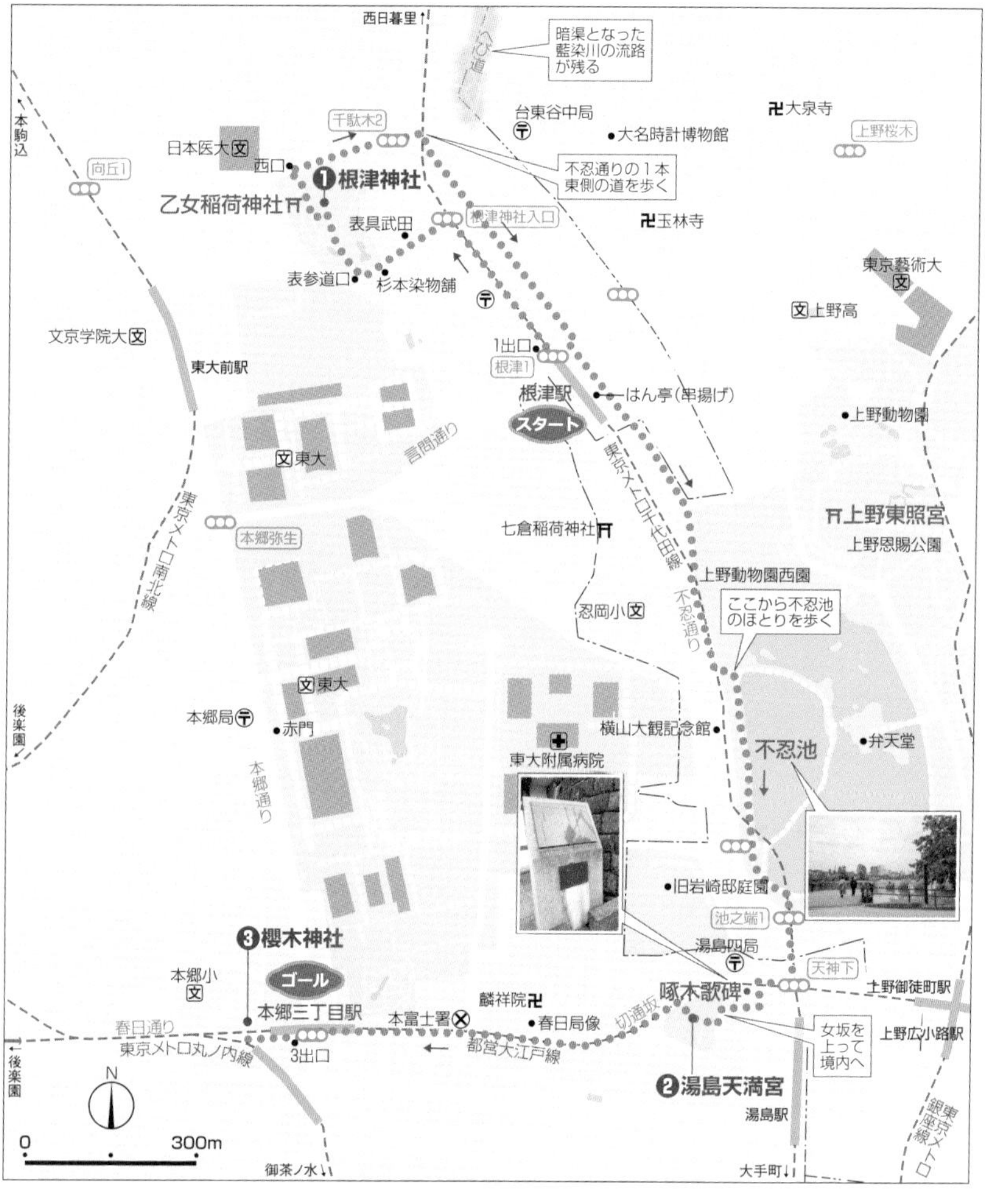

西日暮里↑
暗渠となった藍染川の流路が残る
へび道
台東谷中局
大名時計博物館
大泉寺
上野桜木
千駄木2
日本医大
西口
❶根津神社
不忍通りの1本東側の道を歩く
本駒込
向丘1
乙女稲荷神社
表具武田
根津神社入口
玉林寺
表参道口
杉本染物舗
東京藝術大
上野高
文京学院大
1出口
根津1
東大前駅
根津駅
はん亭(串揚げ)
スタート
上野動物園
言問通り
東大
東京メトロ千代田線
上野東照宮
上野恩賜公園
東京メトロ南北線
本郷弥生
七倉稲荷神社
上野動物園西園
ここから不忍池のほとりを歩く
忍岡小
不忍通り
東大
後楽園
本郷局
赤門
横山大観記念館
不忍池
弁天堂
東大附属病院
本郷通り
旧岩崎邸庭園
池之端1
❸櫻木神社
湯島四局
天神下
本郷小
ゴール
麟祥院
噫木歌碑
上野御徒町駅
本郷三丁目駅
本富士署
春日局像
切通坂
春日通り
女坂を上って境内へ
上野広小路駅
←後楽園
東京メトロ丸ノ内線
3出口
都営大江戸線
❷湯島天満宮
N
湯島駅
東京メトロ銀座線
0
300m
御茶ノ水↓
大手町↓

根津と湯島、どちらも古社の門前に開けた繁華街

下町情緒を色濃く残す根津の一帯には坂が多く、入り組んだ小道が数多く通っています。大昔、この一帯が忍ヶ丘とよばれた上野台地と、向ヶ丘とよばれた本郷台地に挟まれた谷間の地であった名残で、現在の不忍通りはその谷底にあたります。根津神社の門前町として発展し、夏目漱石や森鷗外の散歩コースでもありました。

不忍通りから1本入った庶民的な通り。この道を池之端まで歩く

東京メトロ千代田線根津駅から不忍通りを❶根津神社へ向かいます。千駄木方面に歩き、根津神社入口の信号で左折。表具屋や染め物屋などがある路地の先に、大きな朱の鳥居が見えてきます。根津神社を創建したとされる日本武尊は「ここは国の根、国の津たり」と言ったと伝えられています。古代、この地は小高い台地の麓で、すぐ近くに入り江があり、「根津」という地名の由来ともいわれています。

根津神社の境内を西口から出たら、千駄木二丁目の交差点で不忍通りを渡り、1本東側の古い商店などの残る道を南へ歩きましょう。大正初期に建てられた木造3階建ての串揚げの店「はん亭」を眺めながらさらに南下すると、上野恩賜公園の不忍池が見えてきます。不忍池は、古代ここまで迫っていた入り江の一部が、大池として残ったものというから驚きます。

天神下の交差点を右折し、切通坂へと入って❷湯島天満宮へ。根津から湯島にかけては明治の中ごろまで、神社を中心に花街が開けていました。

ゆるやかな女坂から湯島天満宮の境内へ。鈴なりの絵馬を眺めながら梅園を通って境外へ出ます。湯島天満宮と同じく天神様を祀る❸櫻木神社は、切通坂を上りきった本郷の高台に鎮座しています。

深く知る　切通坂と石川啄木

朝日新聞社の校閲部に勤めていた当時、石川啄木は春日通り沿いの床屋「喜之床」の2階に家族で間借りしていました。夜勤を終えて、深夜に切通坂を上って帰宅するつらい気持ちを詠んだ歌碑が坂の途中に建てられています。

神橋と楼門　境内の神池の上に神橋が架かる。楼門の右の随身像は水戸光圀がモデルとも

乙女稲荷神社　ずらりと並ぶ奉納鳥居をくぐり祠へ

1900年余の長きにわたって“谷根千”の地に鎮座する

❶根津神社（ねづじんじゃ）

文京区根津

谷中・根津・千駄木一帯の鎮守として信仰を集める根津神社は、今から1900年以上も前に日本武尊（やまとたけるのみこと）が戦勝を祈願して須佐之男命を祀ったのが始まりと伝えられています。江戸時代に現在地に移る以前は、千駄木駅近くの団子坂上に鎮座していました。室町時代には、江戸城を築城した太田道灌（おおたどうかん）が社殿を奉建しています。宝永3年（1706）、徳川五代将軍綱吉（つなよし）は世継ぎを兄綱重（つなしげ）の子・綱豊（つなとよ）に決めた際、綱重の江戸屋敷を神社の敷地として献納し、「天下大普請」と称される大規模な社殿造営を行いました。

鮮やかな彩色がみごとな本殿・拝殿、社殿を囲む透塀や唐門、楼門などは、東京大空襲の難も逃れて当時のまま残されており、すべて国の重要文化財に指定されています。

将軍家の崇敬は深く、とくに六代家宣（いえのぶ）（綱豊）みずから取り仕切った祭礼では江戸全町から山車が出たそうです。このとき家宣が奉納した大神輿3基が現存しています。

境内の斜面を見ると、約2000坪と広大な「つつじ苑」に沿うように赤い千本鳥居が続いています。ゆるやかに上りながらくぐり抜けた先に、末社・乙女稲荷神社の祠があります。祠の奥は深い穴になっていることから、命を生み育む女性性の象徴として「乙女」の名がついたといわれます。奉納鳥居の多さからも、地主の神としての信仰の篤さが伺えます。

⛩御祭神　須佐之男命・大山咋命・誉田別命
♥御利益　厄除け・健康・縁結び・商売繁盛

📍文京区根津1-28-9
📞03-3822-0753
🚇東京メトロ千代田線根津駅から徒歩5分

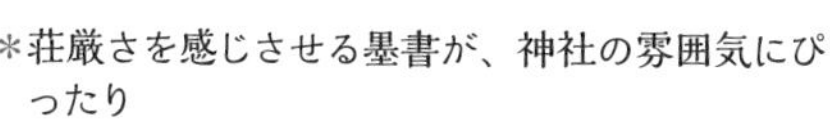
＊荘厳さを感じさせる墨書が、神社の雰囲気にぴったり
＊御朱印500円／9時30分～16時／授与所にて授与

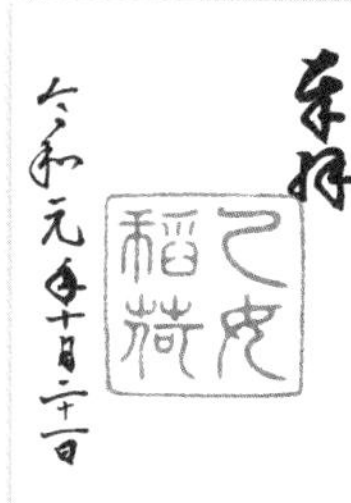

乙女稲荷神社の御朱印　女性の守り神らしい優雅な美しさがある

『江戸名勝図会』（二代目広重画）より「根津」（国立国会図書館蔵）。透塀は今も当時のまま

社殿　唐門の付いた透塀に囲まれた社殿は、本殿・幣殿・拝殿とひとつにつながった重厚な権現造

深く知る

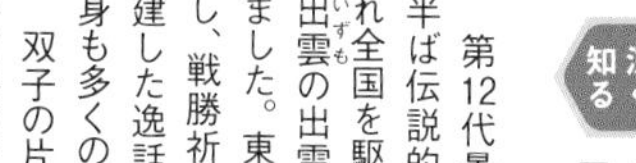

各地の豪族と戦った日本武尊

第12代景行天皇の子・日本武尊は半ば伝説的な人物です。父に遣わされ全国を駆けめぐり、九州の熊襲建や出雲の出雲建など各地の豪族と戦いました。東国（関東や東北）にも遠征し、戦勝祈願や返礼の際に神社を創建した逸話を各地に残しました。自身も多くの神社の祭神となっています。

双子の片割れとして生まれ、生まれつき尋常でない力を持った日本武尊は、頼りにされる反面、その「幼童怪力」的な性格が父に怖れられ、疎まれていたようです。

神剣の霊験を借りながら身を休める間もなく戦い抜き、最後は伊吹山の神の前に力尽き果てた日本武尊の姿は、どこか哀れを誘います。

『芳年武者无類』（月岡芳年画）より「日本武尊・川上梟師」（国立国会図書館蔵）

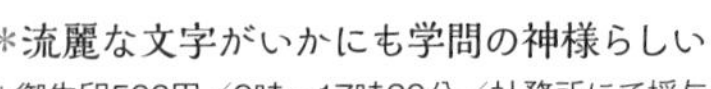
＊流麗な文字がいかにも学問の神様らしい

＊御朱印500円／9時〜17時30分／社務所にて授与

社殿　表鳥居より低い地に建つため、拝殿の三角形の妻がより大きく立派に造られている

絵馬掛け　合格祈願の絵馬が鈴なりに。受験シーズンの風物詩でもある

⛩ 御祭神　**天之手力雄命・菅原道真公**
♥ 御利益　**学業成就・厄除け・開運**

文京区湯島3-30-1
03-3836-0753
東京メトロ千代田線湯島駅から徒歩2分

文教の町のシンボル

② 湯島天満宮

文京区湯島

東京で「天神さま」といえば湯島天満宮（湯島天神）の名が思い浮かびます。江戸時代に昌平坂学問所や湯島聖堂が置かれた湯島は文教の地として発展し、現在も近隣には大学が多く、学問の神様が鎮座するのにぴったりです。

約1500年前の雄略天皇2年（458）、『記紀』神話に出てくる力持ちの神様・天之手力雄命が湯島台地の突端のこの地に祀られたのが始まりで、正平10年（1355）に郷民が菅原道真公の遺徳を慕い、合祀しました。

御茶ノ水駅から続く道が表参道で、境内はそこから少し低くなっています。湯島駅側からは3つの坂で境内へ上るという、地形の面白さにも注目です。境内には白梅を中心に約300本の梅の木があり、開花時には「梅まつり」が催されます。

「サ・ク・ラ・サ・ク」天神さま

文京区本郷

③櫻木神社

入学試験合格や学業成就を願う若者たちを見守るように、東大キャンパスのほど近くに、静謐な境内を構える天神社です。

太田道灌が江戸城築城の際、北野天満宮を城内に勧請し、その後二度の遷座を経て現在地へ。社名は湯島にあった最初の遷座地「桜の馬場」に由来するとされ、境内にも桜の木があります。

▲絵馬には満開の桜が

御祭神　菅原道真公

御利益　学業成就・合格祈願・交通安全・家内安全・商売繁盛

文京区本郷4-3-1　03-3811-8535　東京メトロ丸ノ内線・地下鉄都営大江戸線本郷三丁目駅から徒歩2分

＊あでやかな桜の花が思い浮かぶような墨書

＊御朱印300円／9時～17時／社務所にて授与（午後からは不在のことも）

深く知る

天神信仰の成り立ちは、ちょっと複雑

「天神さま」とは平安時代前期の学者で政治家の菅原道真のこと。道真は55歳で右大臣という高位に昇りつめますが、左大臣だった政敵・藤原時平に謀反を企てたと讒言され、九州の筑前国に置かれていた大宰府へ左遷されてしまいます。そして延喜3年（903）、失意のまま没し、大宰府の近くに葬られました。

その後、京では旱魃や落雷、時平の病没などの凶事が相次ぎました。これらは道真の怒りによる「祟り」と受け止められ、延喜19年（919）、醍醐天皇は道真の墓所に社殿の建設を命じます。これが太宰府天満宮の始まりです。

天満宮は各地に勧請され、「怨霊信仰」ともいえる天神信仰は全国に広まりました。道真公が現在のような穏やかで身近な学問の神様となったのは、江戸時代に普及した寺子屋に尊像が掲げられ、「学問・手習いの神様」として敬われるようになって以降のことです。

いっぽうで、全国には平安時代以前から「天神」を祀っていたという神社が数多くあります。遠い昔、神社の神様にまだ固有の名がなかったころから、「天神」とよばれた霊験あらたかな神様たちがいたのです。道真公は霊力の強い「天神」になぞらえられ、仏教とも習合した「天満大自在天神」「大威徳天神」などという名の神様に「昇格」したといえばわかりやすいでしょうか。

古くから「天神」を祀る神社には、「天満宮」ではなく「天神社」の社号が今も残っていることが多いようです。

『少年菅原道真公』より「大内裏清涼殿の落雷」（国立国会図書館蔵）

古くから人や物資往来の要だった隅田川中流域

コース❷ 蔵前から浅草橋

ビルが立ち並ぶ大通りが続くため、浅草橋駅の先の神田川まで出るのも気分が変わっておすすめです。停泊する屋形船を眺めながら、浅草橋から柳橋まで歩いてみましょう。

スタート **蔵前駅** …… 15分 …… ❶鳥越神社 …… 10分 …… ❷第六天榊天神社 …… 5分 ……
❸須賀神社 …… 5分 …… ゴール **浅草橋駅**

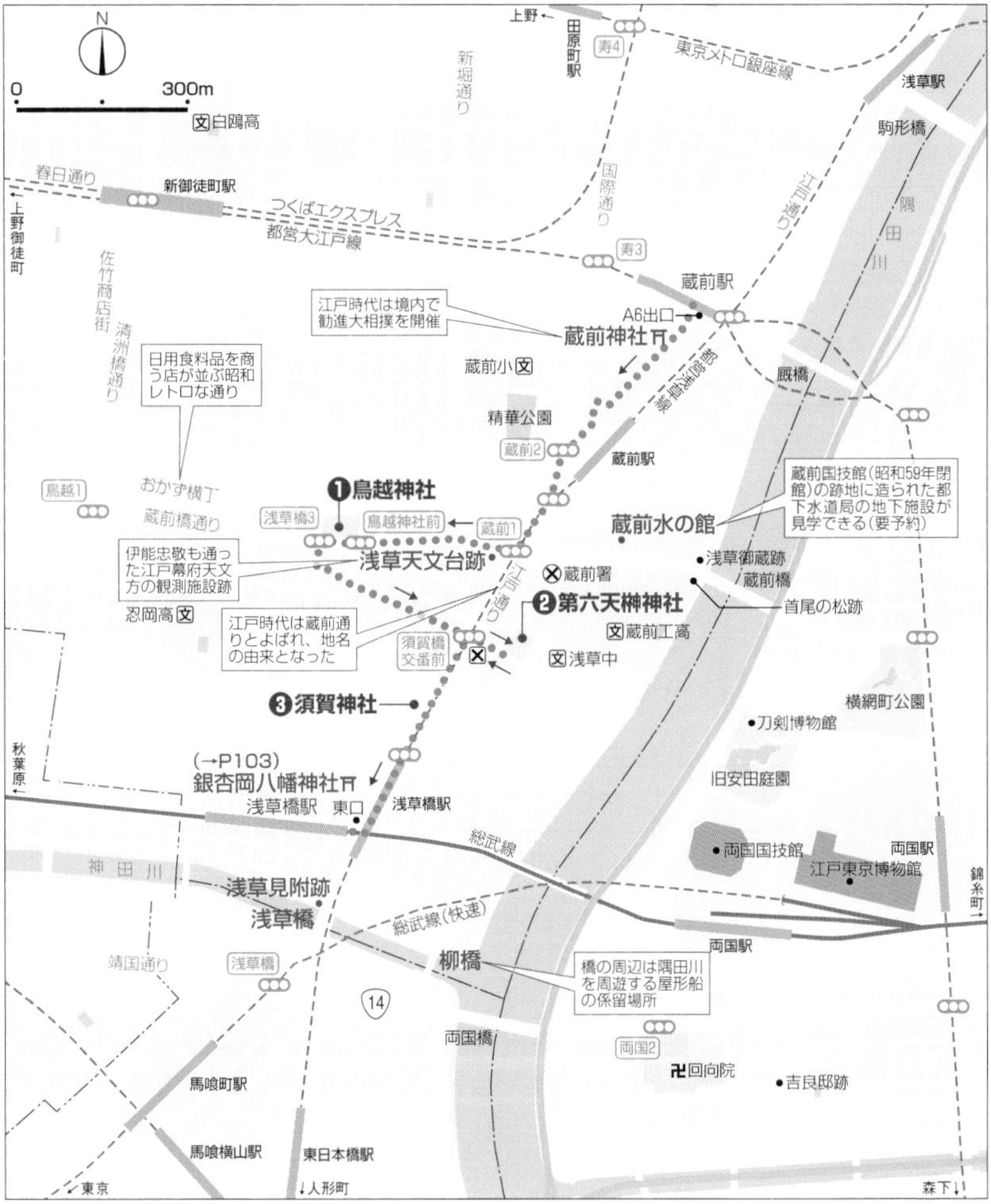

N
0 300m

蔵前神社⛩
江戸時代は境内で勧進大相撲を開催

おかず横丁
日用食料品を商う店が並ぶ昭和レトロな通り

❶鳥越神社

浅草天文台跡
伊能忠敬も通った江戸幕府天文方の観測施設跡

江戸通り
江戸時代は蔵前通りとよばれ、地名の由来となった

❷第六天榊神社

❸須賀神社

(→P103)
銀杏岡八幡神社⛩

蔵前水の館
蔵前国技館(昭和59年閉館)の跡地に造られた都下水道局の地下施設が見学できる(要予約)

浅草御蔵跡
蔵前橋
首尾の松跡

浅草見附跡
浅草橋

柳橋
橋の周辺は隅田川を周遊する屋形船の係留場所

上野 田原町駅 新堀通り 東京メトロ銀座線 浅草駅 駒形橋 白鴎高 春日通り 新御徒町駅 つくばエクスプレス 都営大江戸線 国際通り 江戸通り 隅田川 上野御徒町 佐竹商店街 清洲橋通り 寿4 寿3 蔵前駅 A6出口 都営浅草線 厩橋 蔵前小 精華公園 蔵前2 蔵前駅 鳥越1 蔵前橋通り 浅草橋3 鳥越神社前 蔵前1 蔵前署 蔵前工高 浅草中 忍岡高 須賀橋交番前 横網町公園 刀剣博物館 旧安田庭園 秋葉原 浅草橋駅 東口 浅草橋駅 総武線 両国国技館 両国駅 江戸東京博物館 錦糸町 神田川 総武線(快速) 両国駅 靖国通り 浅草橋 14 両国橋 両国2 回向院 吉良邸跡 馬喰町駅 馬喰横山駅 東日本橋駅 東京 人形町 森下

日本武尊ゆかりの古社と神仏習合の名残を伝える神社

蔵前(くらまえ)の地名は、元和(げんな)6年（1620）に鳥越(とりごえ)神社の丘陵を削って隅田川西岸を埋め立て、年貢米の貯蔵庫「浅草御蔵(おくら)」ができたことに端を発します。江戸中期以降は金貸業で財を成した米商人（札差(ふださし)）の豪邸が立ち並び、明治以降も浅草文庫や蔵前国技館ができるなど、文化の要地として歴史を重ねました。

江戸通り　須賀神社の前から浅草橋駅方面を望む

寛永(かんえい)13年（1636）に警衛のため浅草見附（御門）が神田川岸に設置され、前に架かる橋は浅草橋とよばれるようになりました。この地域の町名が整理統合されて浅草橋となったのは昭和9年（1934）です。

都営大江戸線蔵前駅から蔵前神社前の細道を南下、蔵前橋通りで右折すると5分ほどで❶鳥越神社に到着します。日本武尊(やまとたけるのみこと)ゆかりの小さな白鳥橋を渡って境内に入ります。

鳥越神社前の信号を渡って路地を道なりに歩きます。かつて日光街道（奥州街道）だった江戸通りを越えた先の左側に、見事な石畳が敷かれた❷第六天榊神社(だいろくてんさかき)が現れます。

江戸通りを南に進み、建物の間から石造りの鳥居が見えたら❸須賀(すが)神社です。交通量の多い江戸通りから境内に一歩入ると、静かで厳かな空気に包まれます。

「魔王」を祀る第六天神社

第六天（大六天とも）神社は、全国でも関東に集中して分布する神社です。第六天とは仏教において六欲天の最高位（第六天）に住む魔王のことで、神仏習合の時代には神社に祀られていた仏神でした。

明治の神仏分離ののちは、神世七代の六番目の神である面足尊(おもだるのみこと)・惶根尊(かしこねのみこと)や高皇産霊神(たかみむすびのかみ)に変わり、社名も胡録(ころく)神社や高木神社、または地名を冠した社名となり、多くの第六天神社は姿を消してしまいました。

魔王と聞けばいかにも恐ろしげですが、別名の「他化自在天(たけじざいてん)」は、人の喜びを自分の喜びとするという意味。それは人の欲望を肯定することで、禁欲を旨とする仏教においては仏敵＝魔王と見なされたのかもしれません。織田(おだ)信長(のぶなが)は自ら第六天魔王を名乗るほど崇敬したといいますが、関西には第六天神社はありません。これは、信長の影響を怖れた豊臣秀吉(とよとみひでよし)がすべて破壊してしまったためという説もあります。

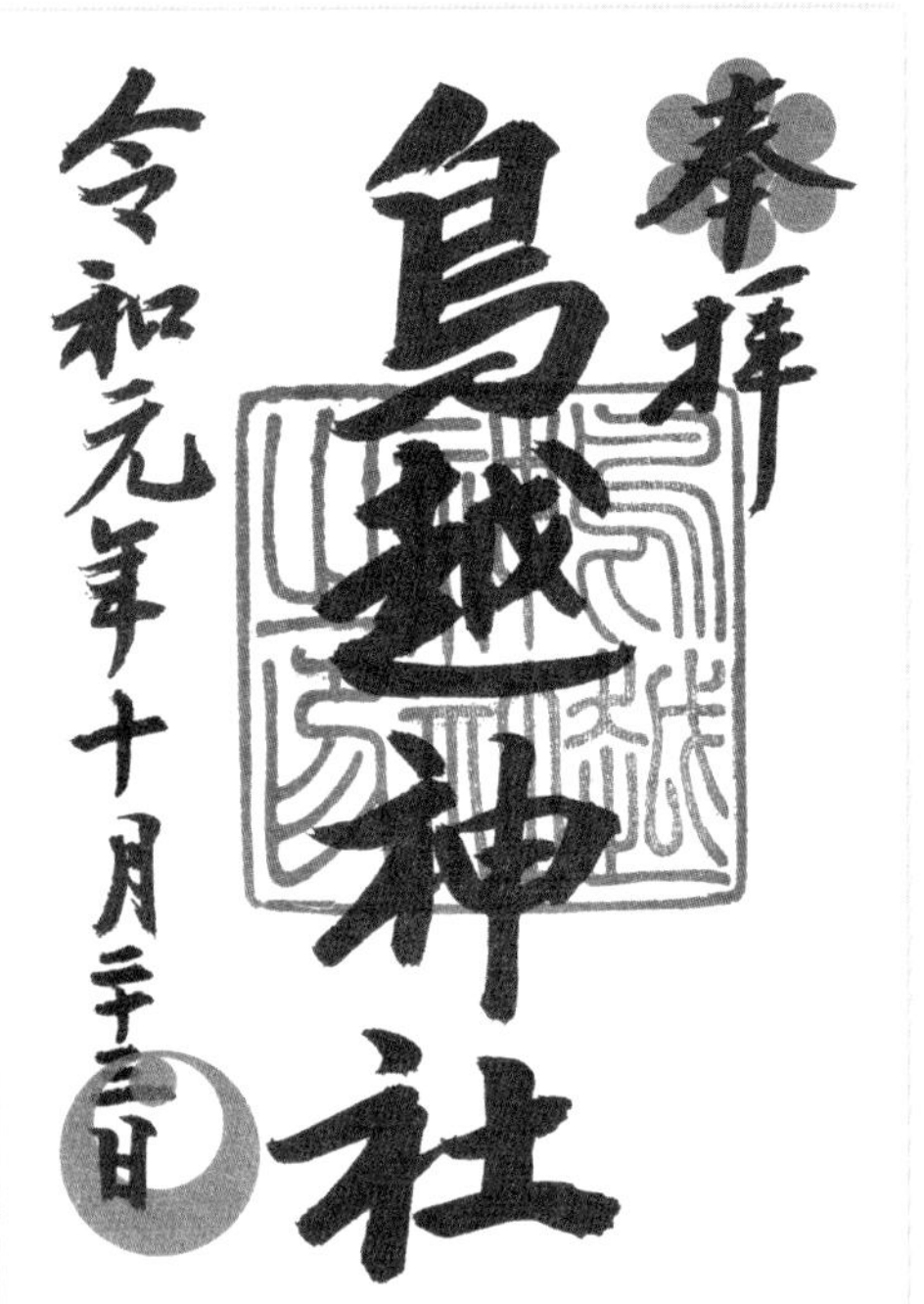

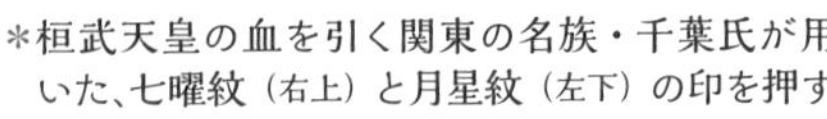

＊桓武天皇の血を引く関東の名族・千葉氏が用いた、七曜紋（右上）と月星紋（左下）の印を押す
＊御朱印500円／9時～17時／社務所にて授与

社殿　筋骨隆々たる狛犬に守られて立つ。賽銭箱の中央に社紋「七曜紋」が輝く

境内入口　蔵前橋通りに面して立つ鳥居の足元に石造の白鳥橋が架かっている

御祭神　**日本武尊／相殿　天児屋根命・東照宮公**
御利益　**厄除け・健康・仕事運・勝運・諸願成就**

台東区鳥越2-4-1
03-3851-5033（9時～17時）
地下鉄都営浅草線蔵前駅から徒歩5分

土地の変遷を伝える古社

❶鳥越神社

台東区鳥越

日本武尊が東国平定の際この地に留まったという伝承から、白雉2年（651）に「白鳥明神」の名で奉祀されたのが由緒とされます。前九年の役で源頼義・義家父子が宮戸川（隅田川）まで来たとき、白い鳥に浅瀬を教えられ軍勢は無事に川を渡れました。義家はこれを白鳥明神の御加護と感謝し、「鳥越大明神」の社号を奉りました。

かつてこのあたりは小高い山で、熱田神社と第六天榊神社も近くにありました。室町時代中期の歌僧尭恵が著した『北國紀行』では、隅田川の畔にある海村と紹介されています。江戸時代に隅田川埋め立て事業のため山は削られ、正保2年（1645）に完全に消滅してしまいます。熱田神社と第六天榊神社は移転を余儀なくされましたが、鳥越神社は当地に残りました。

第六天神社の総本宮

❷ 第六天榊神社（だいろくてんさかきじんじゃ）

台東区蔵前

日本武尊が隅田川の清らかな岡辺を選び、榊皇大神（さかきのすめおおかみ）（第六天とも称される面足尊（おもだるのみこと）と惶根尊（かしこねのみこと）の夫婦神）を祀ったことを創始とする古社です。鳥越山の消滅にともない現柳橋1丁目に遷座し、浅草御蔵の総鎮守として将軍家も篤く信仰したといいます。昭和3年（1928）、旧帝国図書館の前身・浅草文庫があった現在地に再遷座しました。

⛩ 御祭神　**榊皇大神・面足尊・惶根尊**

♥ 御利益　**健康長寿・仕事運**

📍 台東区蔵前1-4-3　📞 03-3851-1514　🚉 地下鉄都営浅草線蔵前駅から徒歩3分

總本宮第六天　榊神社　令和元年十月二十三日参拝

＊長寿のシンボルの鶴と亀が愛らしい

＊御朱印300円／10時ごろ～16時ごろ／社務所にて授与（不在の日あり）

江戸時代は「笹団子天王」とも呼ばれた

❸ 須賀神社（すがじんじゃ）

台東区浅草橋

推古（すいこ）9年（601）この地で流行した疫病を牛頭天王（ごずてんのう）に祈って治めたことを起源とする古社です。牛頭天王は祇園信仰の習合神で、神仏分離しスサノオとなりました。江戸時代には札差が氏子となり隆盛を極めます。特に厄除けに笹団子を納めた当時の祭礼は盛大で、『江戸名所図会』にその様子が描かれています。

⛩ 御祭神　**素盞嗚尊**

♥ 御利益　**病気平癒・目的完遂**

📍 台東区浅草橋2-29-16　📞 03-3851-7044　🚉 地下鉄都営浅草線・JR総武線浅草橋駅から徒歩3分

浅草橋鎮座　須賀神社　笹団子天王　厄除　令和元年十月二十三日

＊「笹団子」のスタンプに昔が偲ばれる

＊御朱印300円／9時～17時／社務所にて授与（不在時あり。要事前連絡）

古代からの由緒を伝える隅田川沿いの古社

コース③東向島から南千住

江戸時代は風光明媚な行楽地だった東向島から、白鬚橋で隅田川を渡り千住方面へ。はるか昔の隅田川の姿に思いを馳せながら、由緒ある古社と史跡を訪ねてみましょう。

スタート 東向島駅 …… 6分 …… ① 白鬚神社 …… 10分 …… ② 石濱神社 …… 15分 ……

河川交通の要衝にあったことから船頭や荷船仲間に尊崇された。江戸時代末築の社殿が現存する（隅田川神社）

優美な曲線を描く現在の橋は昭和6年(1931)竣工。広々とした隅田川の眺めが楽しめる（白鬚橋）

旧吉原遊郭の名所の一つ。山谷堀脇の土手から移され、数代にわたり植え替えられてきた（見返り柳）

(→P29) 素盞雄神社

小塚原回向院　小塚原刑場跡　南千住駅　ゴール　南出口　平賀源内墓　対鷗荘蹟碑(三条実美別邸跡)　③玉姫稲荷神社　②石濱神社　白鬚橋　①白鬚神社　旧墨堤の道　向島百花園　東向島駅　スタート　吉備子屋(串団子)　隅田川神社　見返り柳

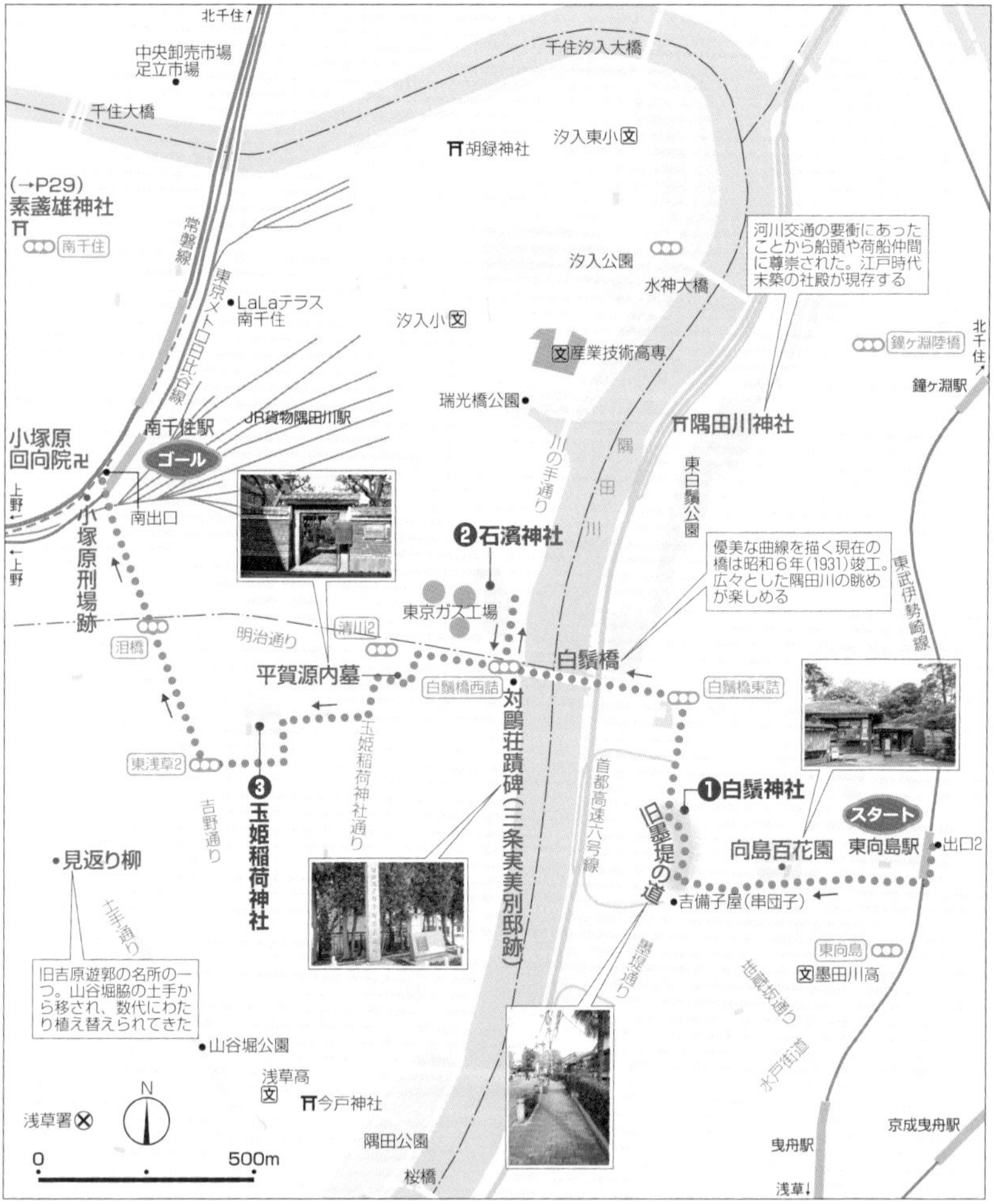

隅田川の歴史とともに両岸で歴史を刻む古社

隅田川の〝向こうの島〟という意味を持つ向島は、江戸の町人文化を成熟させた地域の一つです。文化文政期（1804〜30年）に造られた向島百花園の横を通って❶白鬚神社へ。途中の湾曲した道は、木母寺の境内にあった将軍家の休憩所・隅田川御殿へ続く道の名残を伝える「旧墨堤の道」です。

石濱神社の一之鳥居は安永9年（1780）に建立された。奥の二之鳥居はさらに古い

白鬚神社から墨堤通りを北上して白鬚橋へ。橋上からは隅田川と、東京スカイツリーの眺めが楽しめます。橋を渡れば右手に❷石濱神社の大鳥居が見えます。この付近にはかつて「橋場の渡し」がありました。武蔵国と下総国の堺にあたることから、交通・軍事上の要として重要視されたのでしょう。また、風光明媚な別荘地としても人気で、三条実美も「対鷗荘」を所有していました。

石濱神社からは明治通りを西へ向かい、途中で左折して平賀源内墓へ。施錠されていなければお参りもできます。玉姫公園に隣接する❸玉姫稲荷神社までは、住宅街の中を歩きます。

ゴールの南千住駅の南には慶安4年（1651）に設けられた小塚原刑場跡と、刑死者を供養するため寛文7年（1667）に創建された小塚原回向院があります。

深く知る　業平も頼朝も渡った「橋場の渡し」

白鬚橋西詰の東北角に「橋場の渡し」の案内板があります。大正3年（1914）に木橋が架かるまで、ここから対岸の寺島まで隅田川を渡す小船が運航されていました。「白鬚の渡し」の名もあり、『伊勢物語』の主人公・在原業平も渡ったとされ、隅田川の渡しの中では最古といわれています。

下総国で挙兵した源頼朝が武蔵国に入る際、ここに数千の舟を集めて〝浮き橋〟を架けて渡り、これが橋場の名の由来とも。隅田川の底には水神（龍神）が住むとされ、武将にとって川を渡ることはその強力な加護を得るに等しいものでした。

『江戸名所古跡物語』より「橋場」。頼朝が舟を並べて浮き橋を架ける場面（国立国会図書館蔵）

隅田川のほとりの鎮守社

❶白鬚神社

墨田区東向島

天暦5年（951）、慈恵大師良源が、琵琶湖に立つ鳥居で有名な滋賀の白鬚神社を勧請しました。江戸時代以前から人々の生活と密接に関わってきた隅田川一帯の鎮守で、のちに徳川幕府から朱印地も賜わっています。

かつて「白鬚明神」とよばれた御祭神は、観阿弥作の謡曲『白鬚』にも登場する霊験あらたかな神様で、『記紀』神話の中の猿田彦大神のこと。天孫一行を地上に導いた導きの神で、国土開発・方位の神として知られます。多くの神社の例祭で先導を務める神様でもあります。隅田川界隈をめぐる「隅田川七福神」では、白い鬚の老人として寿老神に見立てられています。

玉垣に囲まれた境内には、山玉向島講社（富士講）の碑や、江戸期の文人墨客の詩碑などが残っています。

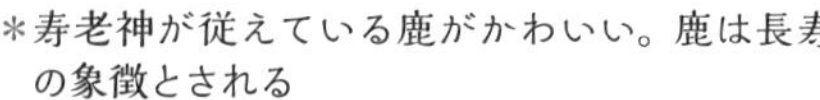
＊寿老神が従えている鹿がかわいい。鹿は長寿の象徴とされる
＊御朱印500円／9時～17時／社務所にて揮毫

社殿　幕末建立の社殿は平成２年（1990）に放火により焼失。2年後に鉄筋コンクリートで再建された

境内　参道の脇にさまざまな石碑がまとめて置かれている

⛩ 御祭神　**猿田彦大神**
♥ 御利益　**旅行安全・交通安全・商売繁盛・方災除**

墨田区東向島3-5-2
03-3611-2750
東武伊勢崎線東向島駅から徒歩6分

"関東のお伊勢さま"として人気

② 石濱神社

荒川区南千住

神亀元年（724）創建の古社。中世には源氏や千葉氏、宇都宮氏など関東の武将たちの崇敬を集めました。東に隅田川、西に富士を望む景勝地にあり、江戸時代は伊勢神宮の代わりに参拝する人で賑わいました。16世紀に江戸重長が勧請した牛頭天王社（江戸神社）や真先稲荷など摂社も多く、狐穴を祀った白狐祠、富士塚もあります。

御祭神　**天照大御神・豊受大御神**
御利益　**国土安寧・開運招福・産業興隆・厄除け**

荒川区南千住3-28-58　03-3801-6425　JR常磐線・東京メトロ日比谷線・つくばエクスプレス南千住駅から徒歩15分

＊「石濱」の墨書が重厚。かつての地名「橋場町」も見える
＊御朱印300円／9時～17時／社務所にて授与

王子稲荷とも御神縁がある

③ 玉姫稲荷神社

台東区清川

天平宝字4年（760）に京都・伏見稲荷大社から勧請されました。新田義貞が戦勝祈願に弘法大師直筆の稲荷大神像を玉塔に納めた、というのが玉姫（玉秘め）の由来です。新吉原から遷座した口入稲荷神社ほか摂末社も多く、奥には狐穴も。境内では毎年4月に「こんこん靴市」、11月に「靴のめぐり祭り市」が開催されます。

御祭神　**宇迦之御魂命**
御利益　**商売繁盛・産業興隆・縁結び**

台東区清川2-13-20　03-3872-3411　JR常磐線・東京メトロ日比谷線・つくばエクスプレス南千住駅から徒歩10分

＊"姫"の神社らしく、流麗な文字と社名・神紋の朱が美しい
＊御朱印300円／9時～17時／社務所にて授与

源義家、松尾芭蕉ゆかりの奥州への出発点

コース④南千住から北千住

千住大橋の下にある「千住小橋」を渡れば、右手に東京スカイツリーが見えてきます。千住氷川神社へは、独特の路地裏歩きが楽しめるやっちゃば緑道を歩くのがおすすめです。

スタート 南千住駅 …… 8分 ……▶ ❶ 素盞雄神社 …… 30分 ……▶ ❷ 千住氷川神社 …… 20分 ……▶ ❸ 千住神社 …… 15分 ……▶ ゴール 北千住駅

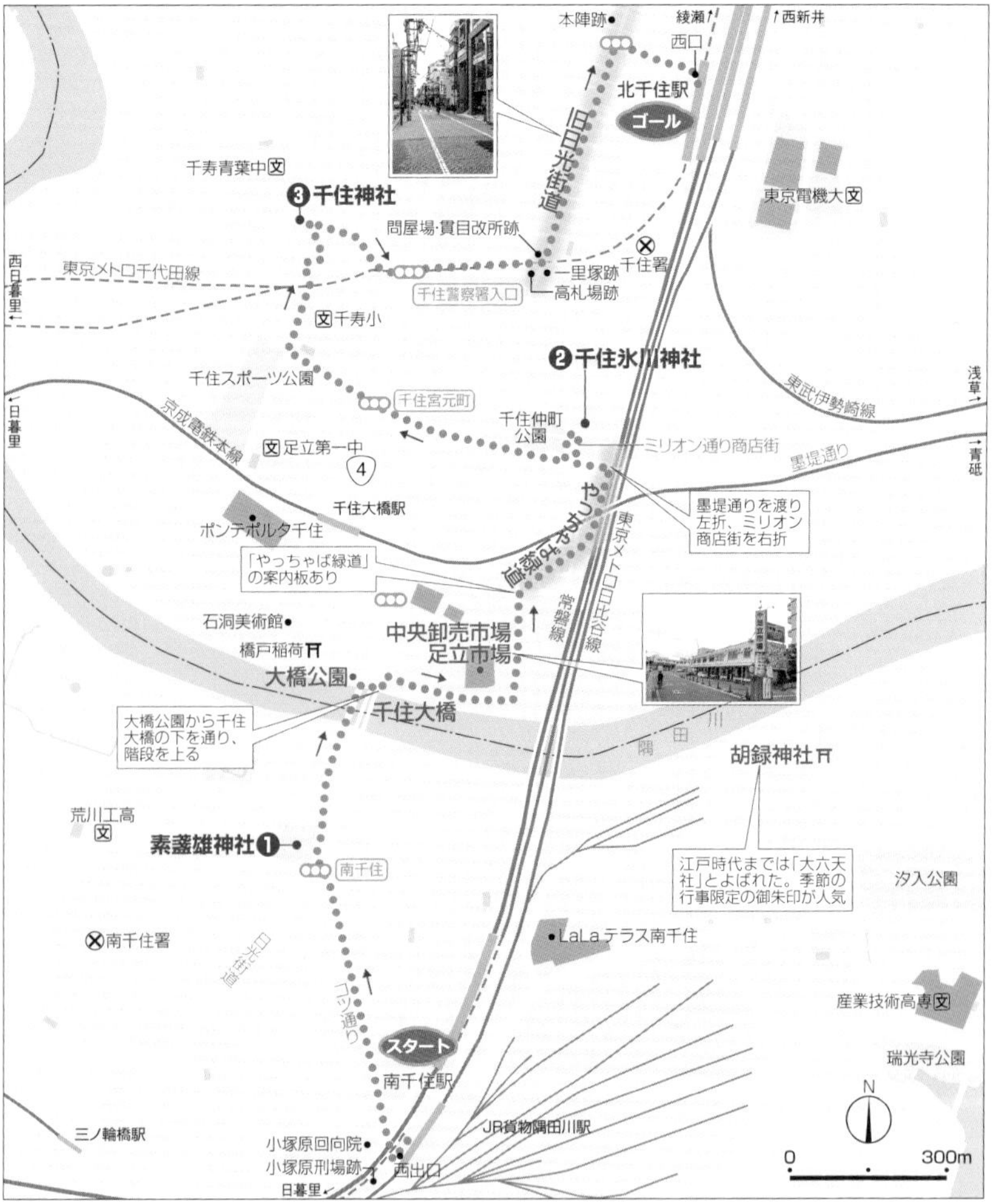

本陣跡
綾瀬
西新井
西口
北千住駅
ゴール
旧日光街道
千寿青葉中
❸千住神社
問屋場・貫目改所跡
千住署
東京電機大
西日暮里
東京メトロ千代田線
一里塚跡
高札場跡
千住警察署入口
千寿小
❷千住氷川神社
千住スポーツ公園
千住宮元町
東武伊勢崎線
浅草
日暮里
京成電鉄本線
千住仲町公園
ミリオン通り商店街
足立第一中
4
墨堤通り
青砥
千住大橋駅
ポンテポルタ千住
やっちゃば緑道
東京メトロ日比谷線
墨堤通りを渡り左折、ミリオン商店街を右折
「やっちゃば緑道」の案内板あり
常磐線
石洞美術館
中央卸売市場足立市場
橋戸稲荷
大橋公園
千住大橋
隅田川
大橋公園から千住大橋の下を通り、階段を上る
胡録神社
荒川工高
素盞雄神社❶
南千住
江戸時代までは「大六天社」とよばれた。季節の行事限定の御朱印が人気
汐入公園
南千住署
日光街道
LaLaテラス南千住
コツ通り
産業技術高専
スタート
南千住駅
瑞光寺公園
三ノ輪橋駅
JR貨物隅田川駅
小塚原回向院
小塚原刑場跡
西出口
日暮里
N
0 300m

隅田川最初の大橋を渡り 江戸四宿最大の宿場町へ

奥州と関東を結ぶ街道や、隅田川などの舟運の要衝だった千住。中世の文献は乏しいのですが、延喜年間（901〜923）ごろには千住（千寿）の集落が成立していたという説があります。江戸時代には、日光街道第一宿として栄えました。

南千住駅西出口からコツ通りを北上、国道4号とのY字路に平安時代創建の❶素盞雄神社が鎮座しています。千住大橋を渡って荒川区から足立区へ。大橋公園から隅田川に下りてみましょう。

足立市場に沿って歩を進めます。通称やっちゃ場といわれた千住の青物市場の開設は天正4年（1576）と推測され、ヤッチャ、ヤッチャとせりの声が威勢よく聞こえたそうです。戦後、現在の東京都中央卸売市場足立市場に発展解消されました。

引込線路の跡を整備した「やっちゃば緑道」を歩いて旧千住掃部宿の❷千住氷川神社、さらに八幡太郎こと源義家ゆかりの❸千住神社をお参り後、旧日光街道を歩きます。天保14年（1843）の記録では千住宿の人口は9956人、家数2370軒で、江戸四宿（ほかに品川宿、板橋宿、内藤新宿）のなかで最大の宿場町でした。賑やかな旧街道の商店街を進めば、北千住駅です。

やっちゃば緑道　北千住駅から足立市場への引き込み線が廃止されたあと足立区が整備した

徳川家康が隅田川に最初に架けた「大橋」

文禄3年（1594）、徳川家康の江戸入府後、隅田川に最初に架けられた橋です。場所は現在の千住大橋より少し上流で、治水の知識が十分ではなかったため難工事だったと伝わっています。当時は単に「大橋」とよばれていました。深川から来た松尾芭蕉は、この大橋のあたりで舟を下り、「行春や鳥啼魚の目は泪」の句をしたため奥州に向かいました。

現在の鋼橋は昭和2年（1927）に完成し、隅田十五橋の最も上流に当たります。青いアーチ型の欄干が隅田川の流れによく似合います。

『名所江戸百景』（広重画）より「千住の大はし」（国立国会図書館蔵）

現在の千住大橋

＊力強い墨書に古社の風格が漂う
＊御朱印500円（句碑記念印は別途お気持ち）／9時～16時前／参集殿授与所にて授与

⛩ 御祭神　**素盞雄大神・飛鳥大神ほか**
♥ 御利益　**厄除け・災厄除け・家内安全・商売繁盛**

荒川区南千住6-60-1
03-3891-8281
JR常磐線・東京メトロ日比谷線・つくばエクスプレス南千住駅から徒歩8分

拝殿　昭和32年（1957）に建築家・大岡實氏の設計で再建。屋根の勾配が美しい

千住の「お天王さま」と親しまれる

荒川区南千住

❶素盞雄神社

延暦14年（795）の創建、鎮座1200年を超えるという古社です。役小角の高弟で開祖の黒珍が、この地の小塚の奇岩に現れた素盞雄大神と飛鳥大神の二柱の神を祀る祠を建てたのが始まり。素盞雄大神の別名・牛頭天王から「お天王さま」と親しまれます。

境内には、奥の細道矢立初めの句碑（区指定文化財）もあります。この句碑は文政3年（1820）、千住宿に集まった文人たちにより建立されました。御朱印授与時に希望すれば、芭蕉の座像と矢立初めの句がデザインされた記念印も押してもらえます。

当社創建4月8日の疫神祭（災厄除け「桃の御守」を4月1日～8日に限定授与）や、二天神輿振りが勇壮な天王祭（区登録無形民俗文化財・6月）は、特に大勢の参拝者で賑わいます。

珍しい庚申塔の弁財天様

② 千住氷川神社

足立区千住仲町

創建は不詳ですが、延喜年間（901～923）ともいわれます。開拓を指揮した石出掃部守にちなみ、江戸時代、このあたりは「掃部宿」と呼ばれていました。境内には「千寿七福神」の一つ、庚申塔の弁財天を祀る江嶋神社と、隣の関屋の地から移転してきた関屋天満宮も祀られています。弁財天を主尊とする庚申塔は珍しいものです。

⛩ 御祭神　**素戔嗚尊・市杵島比売命(弁財天)・菅原道真公ほか**

♥ 御利益　**厄除け・芸事上達・福徳・学業成就・学力向上**

📍 足立区千住仲町48-2　📞 03-3881-5271　🚉 JR常磐線ほか北千住駅から徒歩10分

「千住掃部宿」の文字が歴史を今に伝える

＊御朱印500円／9時～16時／社務所にて授与

源義家が戦勝祈願したと伝わる

③ 千住神社

足立区千住宮元町

延長4年（926）年、稲荷神社の創立が始まり。弘安2年（1279）には、武蔵一之宮・氷川神社から御分霊を勧請。千住宿の西方に位置し、江戸時代には「西の森」とも称されました。永承6年（1051）、源義家が奥州遠征の折この地に陣営して戦勝祈願した記録が残り、境内に「八幡太郎源義家陣営の地」の石柱があります。

⛩ 御祭神　**宇迦之御魂命・須佐之男命ほか**

♥ 御利益　**五穀豊穣・商売繁盛・幸福守護**

📍 足立区千住宮元町24-1　📞 03-3881-1768　🚉 JR常磐線ほか北千住駅から徒歩15分

＊右上の朱印は「東京都足立区千住西森鎮座」

＊御朱印300円／8時～17時／授与所にて授与

旧水戸街道をたどって葛飾の古社をめぐる

コース⑤ 亀有から金町

2つの一級河川の景色が楽しめる、1時間を超えるロングコースです。体力に自信がない場合は、中川を渡った先の新宿一丁目バス停から金町駅までバスが利用できます。

スタート **亀有駅** …… 5分 …… ❶ 亀有香取神社 …… 45分 …… ❷ 葛西神社 …… 10分 …… ❸ 半田稲荷神社 …… 15分 …… ゴール **金町駅**

内留
小合留
水元スポーツセンター公園
水元公園
ごんぱち池
飯塚橋
葛飾総合高
中川公園
❸半田稲荷神社
一の鳥居
堤防に上がると江戸川の眺めがいい
中川公園B地区
東金町4
東京理科大
東急ストア
❷葛西神社
ゴール 金町駅
北口
松戸
常磐線
京成金町駅
6
亀有駅
スタート
新葛飾橋
❶亀有香取神社
金町3
江戸川
南口
北千住
新宿(タブの木のモニュメント)
ここで信号を渡る
水戸街道
アリオ亀有
「帝釈道」道標
亀有2
中川橋
金町1
旧水戸街道
亀有署
金町浄水場
帝釈道
中川大橋東
旧水戸街道はここで右折。細い道を歩く
新宿一丁目バス停(金町駅行き)
中川大橋
成田街道
貨物線
卍柴又帝釈天
青戸8
6
⛩青砥神社
(→P108)
柴又駅
御殿山公園
環七通り
中川
京成金町線
矢切
北総鉄道
N
0 500m
京成本線
京成高砂駅
新柴又駅
上野
京成小岩

800年以上の歴史をもつ御厨
「亀有」はかつて「亀無」だった

「かつしか」という地名はたいへん古く、養老5年（721）の戸籍に下総国葛飾郡とあるほか、『万葉集』でもいくつもの歌に登場します。荘園の発達した中世以降は、伊勢神宮、香取神宮の神領地となり葛西御厨とよばれました。

このころの亀有は、「亀無」や「亀梨」という地名でした。川からの土砂が堆積しやすい土地の形状が「亀」の甲羅型を「成し」ていたのが、その由来だそうです。江戸時代の国図作成の際に「無」の字が忌避され、「亀有」と改められました。金町の名称も中世に遡ります。正中2年（1325）の史料に「金町郷」とあり、当時から街道に面した町場として栄えたようです。

江戸川　古くは太白川とよばれた。江戸時代初期の大河川工事で利根川の支流となる。写真は葛西神社裏手からの眺め

亀有から中川を渡り新宿へ
旧水戸街道を歩く

JR亀有駅南口からスクランブル交差点を渡ったら、❶亀有香取神社まではまっすぐです。鎮座740年奉祝記念事業で整備された境内には、しゃれたカフェや観光案内板が設けられています。

景色のいい中川橋を渡った先は、戦国時代に宿場町となった新宿です。中川橋の架け替え工事の際に伐採されたタブの木のモニュメントの先を右折して旧水戸街道の細い道へ入ると、少し先で枡形になっています。防衛上の理由や、沼地を避けたためこの形状になったといわれています。柴又帝釈天へ続く帝釈道との分岐は、松の大木が目印。明治30年（1897）に建てられた道標などが置かれています。

分岐点から旧水戸街道を30分ほどで、江戸川との突き当たりに鎮座する❷葛西神社に到着。鬱蒼と木々が茂る境内裏手の堤防に上がると、広く江戸川が望めます。

堤防から都道471号に出て北上すると、左に❸半田稲荷神社の社号碑と一之鳥居が見えてきます。

深く知る　新宿と成田街道

中川の東岸で旧水戸街道は枡形に屈曲します。枡の右下にあたる地点は、かつては南にある佐倉藩領へ向かう佐倉街道との追分でした。成田山参詣が広まった江戸時代後期以降は、成田街道の愛称で庶民に親しまれました。

長く地元で愛される三社明神

①亀有香取神社

葛飾区亀有

建治2年（1267）に下総国香取神宮の分霊を勧請。その後、鹿島、息栖の両神も奉祀し、東国三社明神と呼ばれ発展してきました。地元が舞台の人気漫画『キャプテン翼』や『こちら葛飾区亀有公園前派出所』の絵馬など、一風変わった授与品が人気です。正参道入口の阿吽の亀神像は、旧社殿の屋根にあった亀形瓦を模しています。

⛩ 御祭神　経津主命／相殿 武甕槌命・岐命
♥ 御利益　勝負運・足腰健康・スポーツ振興・厄除け

葛飾区亀有3-42-24　03-3601-1418　JR常磐線亀有駅から徒歩5分

＊大小二つの亀の印が押された通常の御朱印

＊御朱印500円／9時～17時／社務所にて授与

東京都東部三十三郷の総鎮守

②葛西神社

葛飾区東金町

350年続く葛西家の初代当主で鎌倉幕府の重臣だった清重が、元暦2年（1185）に葛西三十三郷の総鎮守として香取神宮の分霊を祀ったのが始まりです。社叢は深く、鳥居には三十三垂れの注連縄が掲げられています。葛飾地方に古くから伝わり、神田囃子や深川囃子など江戸の祭り囃子の源流となった「葛西囃子」発祥の地でもあります。

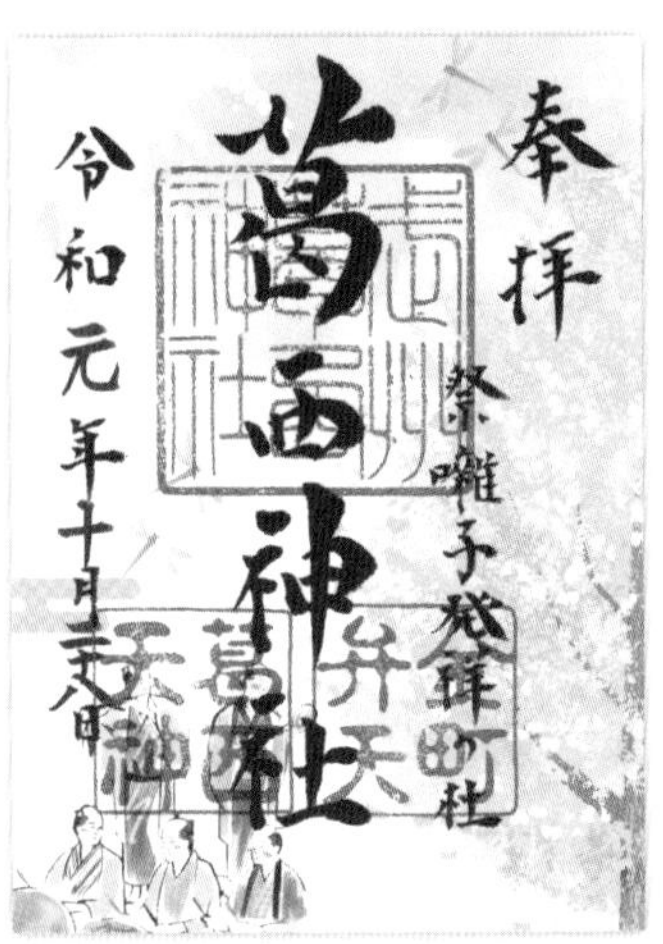

＊秋期限定の御朱印。このほか季節ごとの限定御朱印がある（書き置き）

＊御朱印500円／9時ごろ～17時／授与所にて授与

⛩ 御祭神　経津主尊・日本武尊・徳川家康公
♥ 御利益　勝負運、商売繁盛、立身出世、財運

葛飾区東金町6-10-5　03-3607-4560　JR常磐線・京成線金町駅から徒歩10分

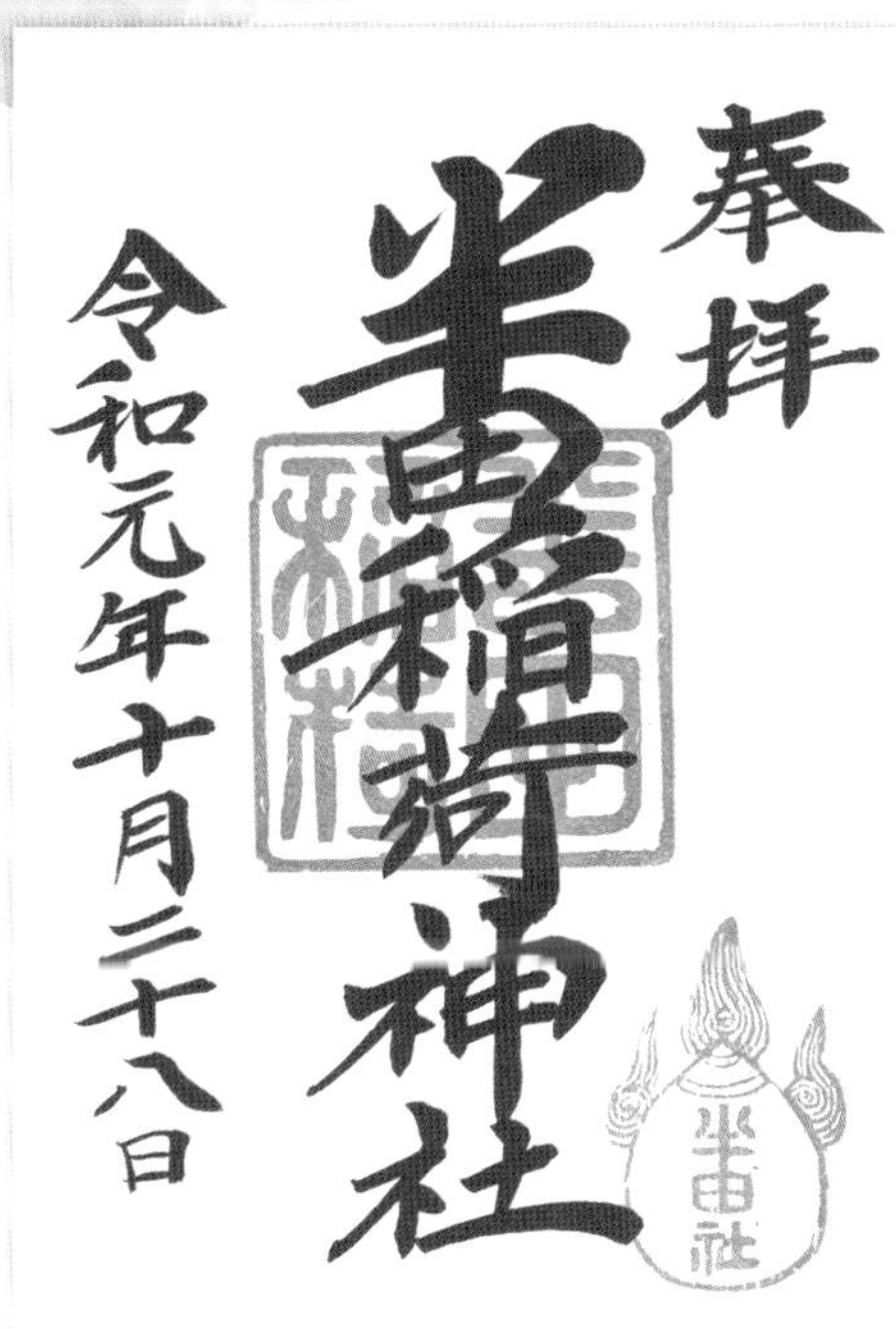

＊どっしりとした筆致の、シンプルな御朱印

＊御朱印500円／10時ごろ〜16時ごろ／社務所にて授与（不在日あり）

拝殿　向拝の天井には、鳳凰を描いた大きな鏝絵（こてえ）がある

神泉遺構　願人坊主が水垢離をとった井戸の跡。市川団十郎、尾上菊五郎らの名を刻んだ玉垣に囲まれている

御祭神　**倉稲魂神・佐田彦神・大宮女神**

御利益　**五穀豊穣・商売繁盛・安産祈願・病気平癒**

葛飾区東金町4-28-22

03-3607-0413

JR常磐線・京成線金町駅から徒歩15分

歌舞伎舞踊で名が広まったお稲荷様

③半田稲荷神社

葛飾区東金町

『新編武蔵風土記稿』によると、和銅4年（711）に創建されました。鎌倉公方・足利成氏は享徳4年（1455）、分倍河原の合戦に際し、ここで戦勝を祈願しています。

江戸時代の享保年間（1716〜36）ごろから、赤い頭巾や着物を身に付けた「願人坊主」とよばれる者が、「葛西金町半田の稲荷、疱瘡もかるい、麻疹もかるい、運授安産ご守護の神よ」と謡い踊りながら江戸市中を回るようになり、参詣者が増えたそうです。文化10年（1813）に三世坂東三津五郎が歌舞伎舞踊『四季詠寄三大字』で願人坊主を取り上げたことで、半田稲荷の名前はさらに広まりました。

弘化2年（1845）に尾張徳川家の発願で造替された社殿が現存しています。

商店街と裏路地歩き、運河沿いの景色を楽しむ

コース⑥ 亀戸から小村井

亀戸香取神社で亀戸水神社の御朱印もいただけます。その場合、やや遠回りになりますが、亀戸水神社へ事前に参拝するのを忘れずに！

スタート **亀戸駅** …… 15分 ……▶ ❶ 亀戸香取神社 …… 10分 ……▶ ❷ 江東天祖神社 …… 20分 ……▶ ❸ 小村井香取神社 …… 5分 ……▶ ゴール **小村井駅**

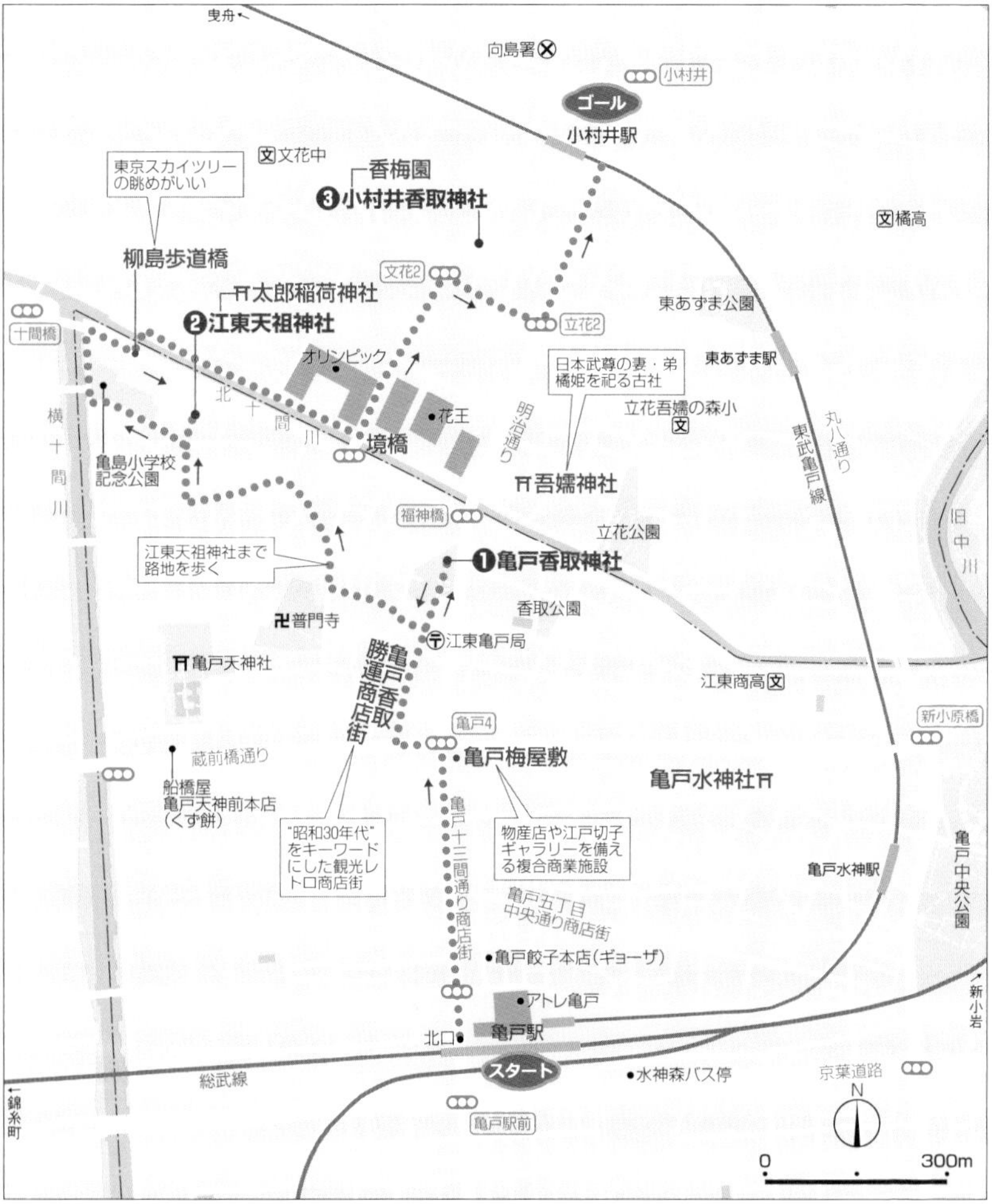

古東京湾に浮かぶ島から田園へ亀戸・小村井エリアの地形の変遷

近世まで遠浅の海だった江東区や墨田区南部にはかつて大小の島々や砂州があり、「牛島（うしじま）」「柳島（やなぎしま）」「寺島（てらしま）」など、現在でも神社や学校の名に「島」のつく地名が多く使われています。亀戸のあたりも古くは「亀島（かめじま）」とよばれました。ここに「亀ヶ井」という湧水の井戸ができ「亀井戸村」の名がつきますが、埋め立てと開発が進んだ江戸時代以降、「井」が抜けて「亀戸村」となり、「亀戸」の由縁となりました。しかし現在も「かめいど」という読み方を残しています。

江戸時代、亀戸や小村井（おむらい）は田畑が広がり、有名な亀戸大根をはじめ農作物を市中に出荷しました。一方で風光明媚な行楽地としても人気で、数々の浮世絵にもこの地が名所として描かれています。

柳島歩道橋　北十間川に架かる柳島歩道橋からは、広い空と東京スカイツリーの眺めがいい

北十間川の歩道橋から東京スカイツリーを一望

JR亀戸駅北口を出発し、亀戸十三間（じゅうさんげん）通り商店街が続く明治通りを北上します。亀戸4丁目の信号で蔵前橋通りを渡り左折。両脇に昭和レトロな看板が並ぶ「亀戸香取勝運商店街」が❶亀戸香取神社の参道で、入口に大きな鳥居が立っています。

亀戸香取神社から❷江東天祖神社へは、曲がりくねった路地が続くので迷わないよう注意。江東天祖神社から横十間川（よこじっけん）へ向かうと、建物の間から東京スカイツリーが見えます。北十間川（きたじっけん）と合流したら右折して川沿いを歩き、柳島歩道橋で対岸へ。写真を撮るならこの歩道橋がおすすめです。オリンピックの角を左折して進むと、五差路になった文花（ぶんか）2丁目交差点の北東側に、美しい梅園「香梅園」を持つ❸小村井香取神社があります。

再び明治通りに出て道なりに北上すれば、東武亀戸線小村井駅に到着します。

亀戸の梅とゴッホ

亀戸村の清香庵（せいきょうあん）（呉服商・伊勢屋彦右衛門の別荘）は江戸随一の梅の名所でした。特に臥龍梅（がりょうばい）は有名で、歌川広重（うたがわひろしげ）の「亀戸梅屋舗」（『名所江戸百景』）が知られています。ゴッホはこの絵を模写して『日本趣味：梅の花』を描きました。

亀戸大根之碑　毎年3月、碑の前で亀戸大根収穫祭が行われる（写真提供：亀戸香取神社）

社殿　現在の社殿は昭和63年（1988）に建立された

一流アスリートも参拝する
古い歴史を伝える武道の神

1 亀戸香取神社

江東区亀戸

天智天皇4年（665）、中臣（藤原）鎌足が東国に下向した際に、この地「亀島」に船を寄せて香取大神を勧請し、太刀を納めて旅の安泰を祈願したのが始まりです。平安時代中期には、平将門の乱（935～940）を治めにきた藤原秀郷がここで戦勝を祈願し、無事乱を平定したため、返礼として弓矢を奉納しました。毎年5月5日に武者行列が練り歩く「勝矢祭」は、この故事にちなんだ行事です。

戦国時代の兵法家・塚原卜伝、江戸時代後期の剣術家・千葉周作など、時代を超えて名だたる剣豪に崇敬され、現在は一流アスリートも参拝するスポーツ振興の神社として知られています。

境内には末社も多く、寛文9年（1670）年創立で産業発展に御利益のある稲足神社、亀戸村の水利を司った熊野神社、享保年間（1716～35）に清香庵（亀戸梅屋鋪）内に創建された三峯神社、亀戸七福神の恵比寿神と大国神を祀る福神社があります。かつては正月の14日に氏子が宝船をかつぎ、両国あたりまで練り歩いた「道祖神祭」が行われていました。その様子を描いた安藤広重筆の『紙本淡彩道祖神祭図』（江東区有形文化財）が社宝として伝わっています。

また、江戸時代終わりごろから栽培が始まった小ぶりな「亀戸大根」は、亀戸香取神社あたりを中心に収穫されていたそうで、境内には由来を伝える碑が建てられています。

⛩ 御祭神　**経津主命／相殿 武甕槌・大己貴神**
♥ 御利益　**スポーツ振興・勝運・厄除け・安産祈願・学業成就**

江東区亀戸3-57-22
03-3684-2813
JR総武線亀戸駅から徒歩10分

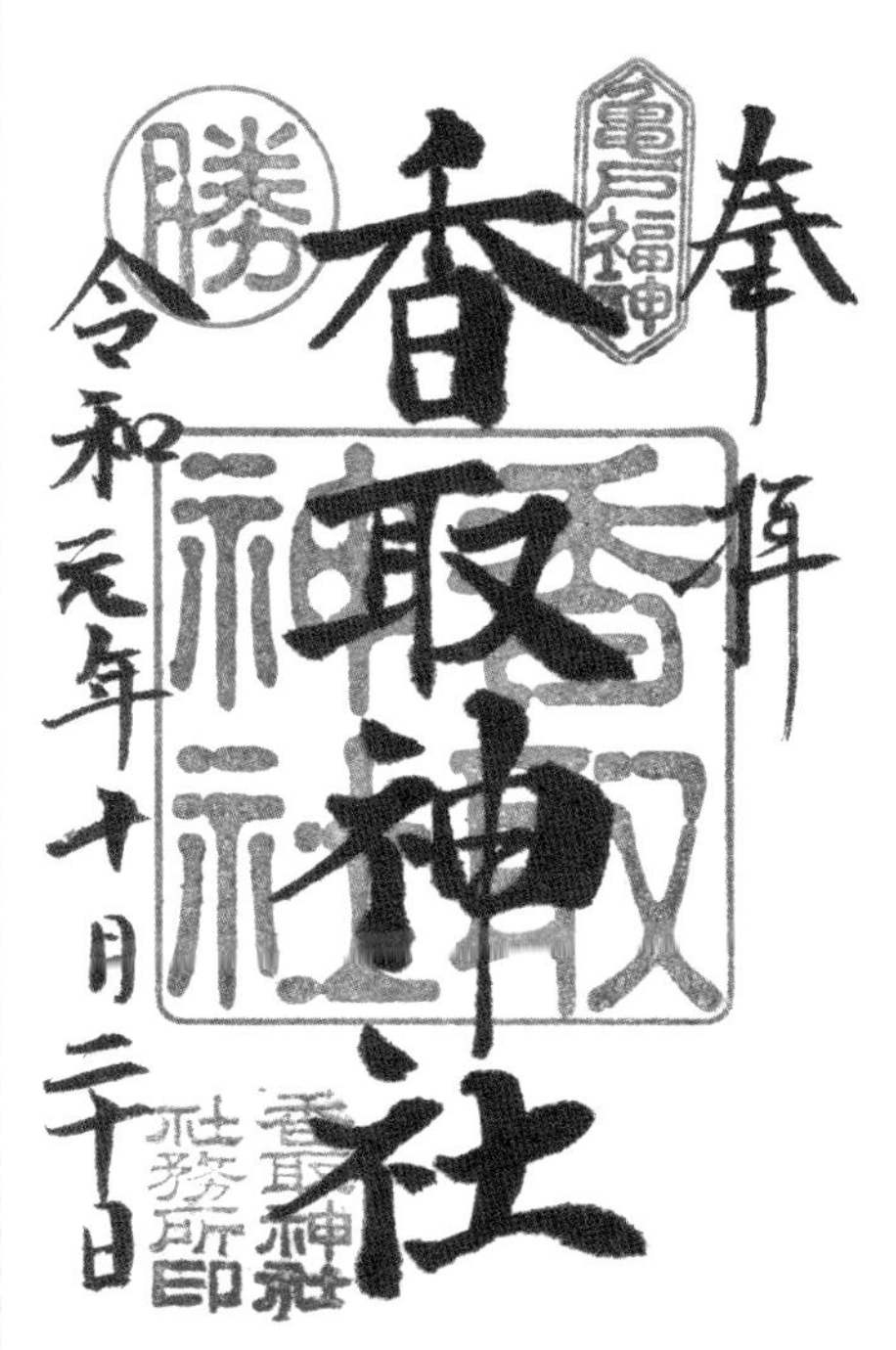

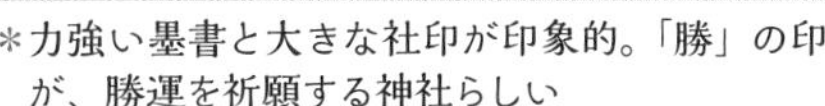

＊力強い墨書と大きな社印が印象的。「勝」の印が、勝運を祈願する神社らしい

＊御朱印500円／9時～12時、13時半～17時／授与所にて授与

参道　桜並木とイチョウの大木が社殿へいざなう

末社　福神社、稲足神社、天祖神社などが祀られている

亀戸香取勝運商店街　蔵前橋通りから境内手前まで、昭和レトロな建物が軒を連ねる

開墾の歴史を語る小さな亀戸水神社

弥都波能売神を御祭神とする亀戸水神社は、小ぶりな石垣の上に鎮座しています。新田開発のため土着した住民が水難をおそれ、享禄年間（1528～32）に奉祀したと考えられています。江戸時代中期ごろの地図で社が確認できます。明治通りと京葉道路の交差点の東に「水神森」というバス停があるように、水神社の南方は、かつては大樹が生い茂る広い森でした。しかし明治の終わりごろから民家や工場が増え、今はこの小社の境内を残すのみとなっています。

昭和35年（1960）に再建された社殿（左）。御朱印は亀戸香取神社でいただける

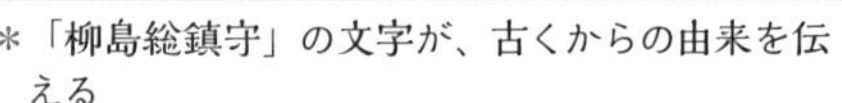
＊「柳島総鎮守」の文字が、古くからの由来を伝える
＊御朱印300円（4月の卯月祭限定御朱印は500円）／9時～17時／授与所にて授与

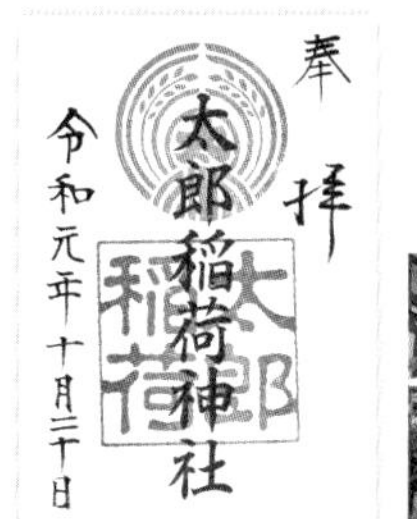

太郎稲荷神社　樋口一葉『たけくらべ』に登場する境内社

社殿　日本で初めて鉄筋コンクリートで造られた社殿。建設当時は反対も多かった

⛩ 御祭神　**天照皇大神**
♥ 御利益　**病封じ・災難よけ**

江東区亀戸3-38-35
03-3681-3042
東京メトロ半蔵門線押上駅から徒歩10分、JR総武線亀戸駅または錦糸町駅から徒歩15分

戦災から人々を救った社殿

②江東天祖神社（こうとうてんそじんじゃ）

江東区亀戸

江東区や墨田区の「島」のつく地域では、昔からそれぞれに鎮守神を祀ってきました。牛島に牛嶋神社、寺島に高木神社、亀島に香取神社。柳島の総鎮守だったのが江東天祖神社で、かつては「砂原明神（すなはらみょうじん）」と称されました。

社伝によると、推古天皇の代に聖徳太子作の神像を御神体として祀ったのが起源とされます。しかし災害や戦災で文献は焼失、社殿も崩壊と再建を繰り返してきました。昭和4年（1929）に鉄筋コンクリート造りで建てた現在の社殿は、東京大空襲の惨禍のなか焼失を免れ、数百の命を守ったそうです。

9月に行われる流鏑馬（やぶさめ）（子ども歩射（ぶしゃ））は、天正（てんしょう）年間（1573～93）に疫病が蔓延したときに織田信長が使者を遣わし、流鏑馬式を奉納してこれを鎮めたことに由来する伝統行事です。

路地裏に鎮座する〝お稲荷さま〟

② 久國神社

港区六本木

当初、現在の皇居内に鎮座していましたが、江戸城下の鎮守として溜池に遷座。寛保元年（1741）現在地に移り、以来、六本木の〝お稲荷さま〟として崇敬されています。社名は太田道灌が奉納した鎌倉期の名刀工・粟田口久国作の刀に由来します。毎年、元旦から成人の日までは「港七福神めぐり」の布袋尊の御朱印がいただけます。

⛩ 御祭神　倉稲魂命
♥ 御利益　商売繁盛・産業興隆

港区六本木2-1-16　03-3583-2896　東京メトロ南北線六本木一丁目駅から徒歩5分

奉拝
久國神社
稲荷神社
令和元年十月二十四日

＊洗練されたシンプルな御朱印
＊御朱印500円／9時～17時／社務所にて授与

鎮座地も御神紋も「七七七」

③ 六本木天祖神社

港区六本木

至徳元年（1384）創始の、天照大御神を祀る神社です。林立するビルの谷間に鎮座し、通称を龍土神明宮といいます。「龍土」は、品川沖から毎夜、龍が灯明を献じたという故事にちなむ「龍灯」が訛ったといわれる古い地名です。境内には宝珠を撫でながら願うと叶うという「心願成就の龍灯籠」や「清龍の井戸」があります。

⛩ 御祭神　天照大御神・伊邪那岐命・伊邪那美命
♥ 御利益　心願成就・出世開運・産業興隆・縁結び・商売繁盛

港区六本木7-7-7　03-3408-5898　東京メトロ日比谷線・地下鉄都営大江戸線六本木駅から徒歩3分

＊御朱印の授与は「辰の日」と、元旦から成人の日までのみ
＊御朱印1000円／9時～17時／社務所にて授与

江戸鎮護の「山王さん」と皇居・桜田濠の眺め

コース⑧溜池山王から半蔵門

赤坂、山王坂、三宅坂の地名通り、起伏のあるコースです。日枝神社へは階段を上り正面の神門から入りますが、外堀通りからエスカレーターに乗り南神門から入ることもできます。

スタート **溜池山王駅** …… 3分 ……▶ ❶ 日枝神社 …… 40分 ……▶ ❷ 平河天満宮 …… 1分 ……▶
ゴール **半蔵門駅**

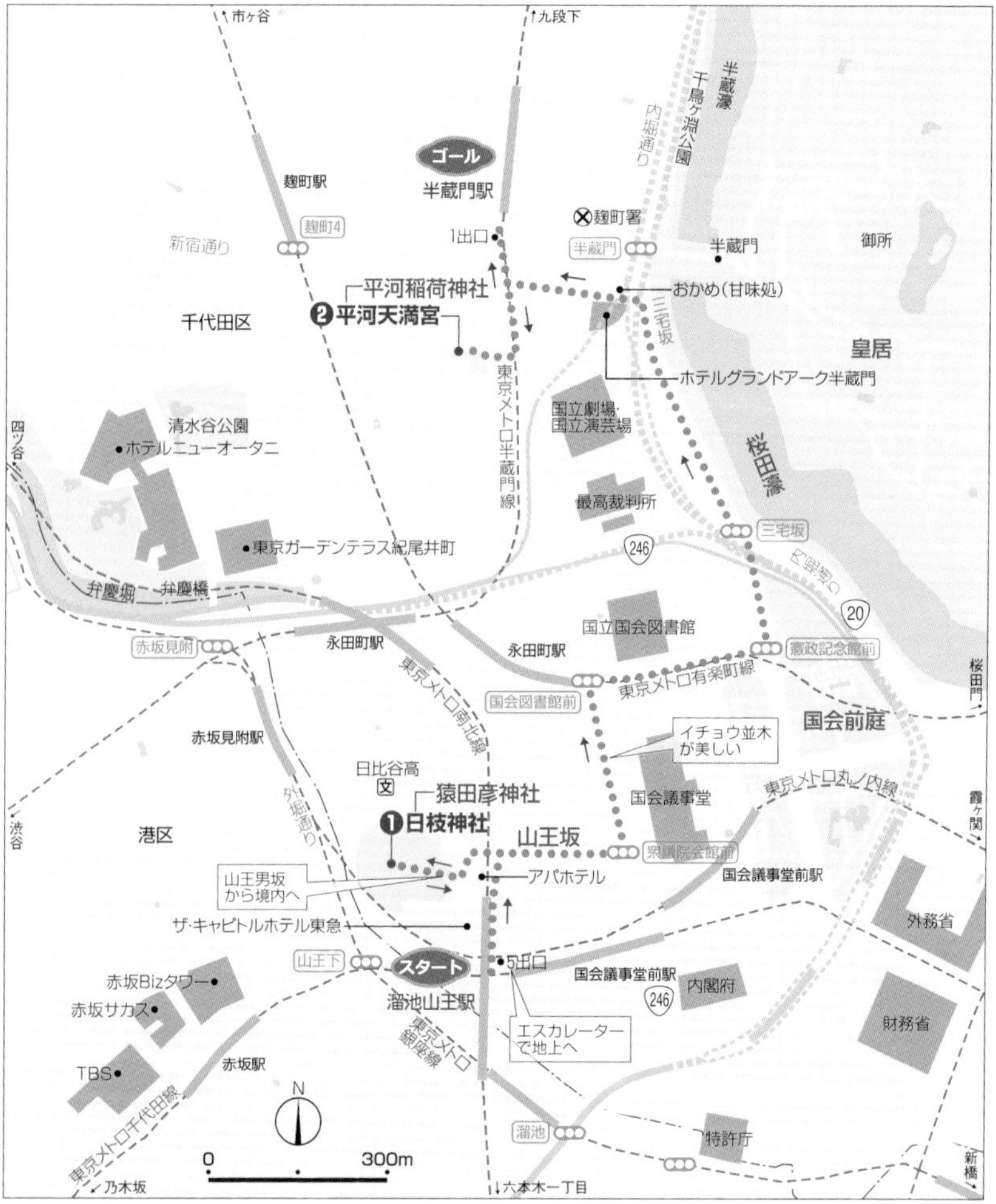

市ヶ谷
九段下
半蔵濠
千鳥ケ淵公園
内堀通り
ゴール
半蔵門駅
麹町駅
麹町署
麹町4
1出口
半蔵門
半蔵門
御所
新宿通り
平河稲荷神社
❷平河天満宮
おかめ(甘味処)
千代田区
三宅坂
皇居
ホテルグランドアーク半蔵門
東京メトロ半蔵門線
国立劇場・国立演芸場
清水谷公園
四ツ谷
ホテルニューオータニ
桜田濠
最高裁判所
三宅坂
東京ガーデンテラス紀尾井町
246
内堀通り
弁慶堀
弁慶橋
20
国立国会図書館
赤坂見附
永田町駅
永田町駅
憲政記念館前
東京メトロ南北線
東京メトロ有楽町線
桜田門
国会図書館前
国会前庭
赤坂見附駅
イチョウ並木が美しい
日比谷高
猿田彦神社
国会議事堂
東京メトロ丸ノ内線
霞ケ関
渋谷
港区
外堀通り
❶日枝神社
山王坂
衆議院会館前
山王男坂から境内へ
アパホテル
国会議事堂前駅
外務省
ザ・キャピトルホテル東急
山王下
スタート
5出口
赤坂Bizタワー
国会議事堂前駅
内閣府
溜池山王駅
246
赤坂サカス
東京メトロ銀座線
エスカレーターで地上へ
財務省
TBS
赤坂駅
N
東京メトロ千代田線
溜池
特許庁
0
300m
乃木坂
六本木一丁目
新橋

国の中枢機関が立ち並ぶ官庁街から皇居お濠端へ

溜池山王駅を出たら、❶日枝神社の正面入口へ向かいましょう。現代的なビルの間に突如出現する巨大な山王鳥居と、その奥の見上げるほどの高台に広がる森に驚かされます。石段（山王男坂）を上り朱塗りの神門へ。正面には随身像、裏側には神猿像が奉安されていますのでお見逃しなく。

桜田濠　内堀通りの三宅坂付近からの眺めは、皇居周辺でも指折りの美しさ

江戸時代、江戸城に近いこの地には武家屋敷が並び、現在の特許庁のあたりから赤坂見附にかけて赤坂溜池がありました。今ではその存在をしのぶ跡はなく、駅名（溜池山王駅）と交差点名（溜池）がわずかに名残を伝えています。

日枝神社を後に、山王坂を上って国会議事堂の裏に出たら左折します。美しいイチョウ並木を歩き、国立国会図書館の前で右折すると、正面に国会前庭が見えてきます。江戸時代、ここには彦根藩井伊家の上屋敷がありました。突き当たりを左へ歩き、内堀通りに出るとぱっと視界が開け、皇居桜田濠のみごとな景観が広がります。

国立劇場を過ぎ、ホテルグランドアーク半蔵門の角を左折。ここから❷平河天満宮に向かう道筋はビジネス街なので、ぐっと人通りが多くなります。天満宮はそんな活気あふれる通りから一本奥に、静かに鎮座しています。

風光明媚だった赤坂溜池

江戸時代初め、紀伊藩主・浅野幸長は将軍の命を受け、虎ノ門（現在の特許庁あたり）に堰を設け、赤坂御門に至る大きな人工湖を造りました。これが、江戸城の外濠として、また上水源として使われた赤坂溜池です。土手を補強するため南岸には桐の木が植えられ、付近は桐畑とよばれるようになりました。

ハスが咲く池は人々の憩いの場になり、浮世絵にもよく登場します。初代歌川広重は『名所江戸百景』の「赤坂桐畑」（写真）で、花をつけた桐の木と赤坂溜池、山王宮（日枝神社）のある山を描いています。溜池は江戸中期から次第に埋め立てられ、明治初期には姿を消しました。

『江戸名所百景』（広重画）より「赤坂桐畑」（国立国会図書館蔵）

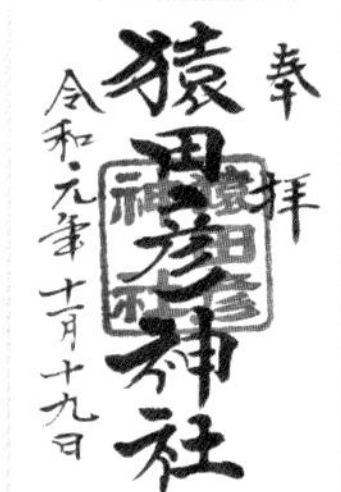

猿田彦神社　社殿右手奥に猿田彦神社、山王稲荷神社、八坂神社の三社が祀られている。御朱印は庚申の日と正月三が日に授与（500円）

社殿　国宝だった社殿は東京大空襲で焼失。昭和33年（1958）に再建された

⛩ 御祭神　**大山咋神**
♥ 御利益　**産業発展・恋愛・縁結び・厄除け・健康**

📍 千代田区永田町2-10-5
📞 03-3581-2471
🚉 東京メトロ千代田線赤坂駅、銀座線・南北線溜池山王駅からいずれも徒歩3分

＊社紋は「双葉葵」。「皇城之鎮」は江戸城（皇居）を護るの意
＊御朱印500円／9時〜16時30分／御朱印所にて授与

東京の中心にそびえる守護の社

① 日枝神社

千代田区永田町

日本の政治経済の中心地・永田町のひときわ高い場所にある神社。平安時代末期に江戸氏が勧請した山王宮が起源です。その後、太田道灌が江戸城の鎮守として改めて川越から山王社を勧請しました。

二代将軍徳川秀忠の時代に江戸城の大改造が行われ、社地は城内から城外の現在地に移されました。

御祭神の大山咋神は山の神様で、滋賀県の比叡山に鎮座する日吉神社の神様と同じです。その使いは猿と伝えられることから、狛犬の代わりに一対の神猿が座しています。神猿は厄除け・子孫繁栄の御利益があり、末社の猿田彦神社も参拝客が絶えません。特に、赤い鳥居がびっしりと立ち並ぶ参道の「千本鳥居」は、人気の撮影スポットになっています。

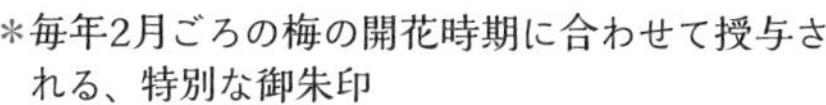

＊毎年2月ごろの梅の開花時期に合わせて授与される、特別な御朱印

＊御朱印500円／9時〜17時／社務所にて授与

境内　境内社・平河稲荷神社の赤い鳥居の横に撫で牛、石牛が並んでいる。右奥に社殿が立つ

平河稲荷神社の御朱印　2匹のキツネが愛嬌たっぷり。午の日のみ授与（500円）

⛩ 御祭神　**菅原道真公・誉田別命・徳川家康公**

♥ 御利益　**学業成就・厄除け・商売繁盛**

千代田区平河町1-7-5

03-3264-3365

東京メトロ半蔵門線半蔵門駅から徒歩1分

梅の花咲くビジネス街のオアシス

２ 平河天満宮（ひらかわてんまんぐう）

千代田区平河町

創建は文明（ぶんめい）10年（1478）。江戸平河城主だった太田道灌が、菅原道真（すがわらのみちざね）公の夢をみた翌朝に道真公直筆の画を贈られたことから、その夢を霊夢と思い、江戸城内に社を建てたことに始まります。その後、江戸に入府した徳川家康（とくがわいえやす）が平河門外に移し、慶長（けいちょう）12年（1607）に現在地に遷座しました。

オフィス街の中にあり、現在でも参拝客が絶えません。境内に4基ある石牛のうち一基は江戸時代に奉納されたものです。「撫（な）で牛（うし）」とよばれ、「撫でると学芸が上達する」と伝えられていることから、頭や背中が滑らかになるほど撫でられています。

芸事や学業成就のほか、ペアで実を結ぶ梅「縁結びの梅」があることから、良縁成就を願う人の訪れも多いそうです。

古くから人が定住した海辺の町の名残

コース9 大森から大森海岸

かつて遠浅の海に面していた大森は、江戸時代から昭和初期まで海苔の養殖で栄えました。遺跡や史跡も多く、いろいろな顔を見せてくれます。歩行距離は少し長めです。

スタート 大森駅 …… 15分 ……▶ 1 荒藺ヶ崎熊野神社 …… 30分 ……▶ 2 大井鹿嶋神社 …… 40分 ……▶ ゴール 大森海岸駅

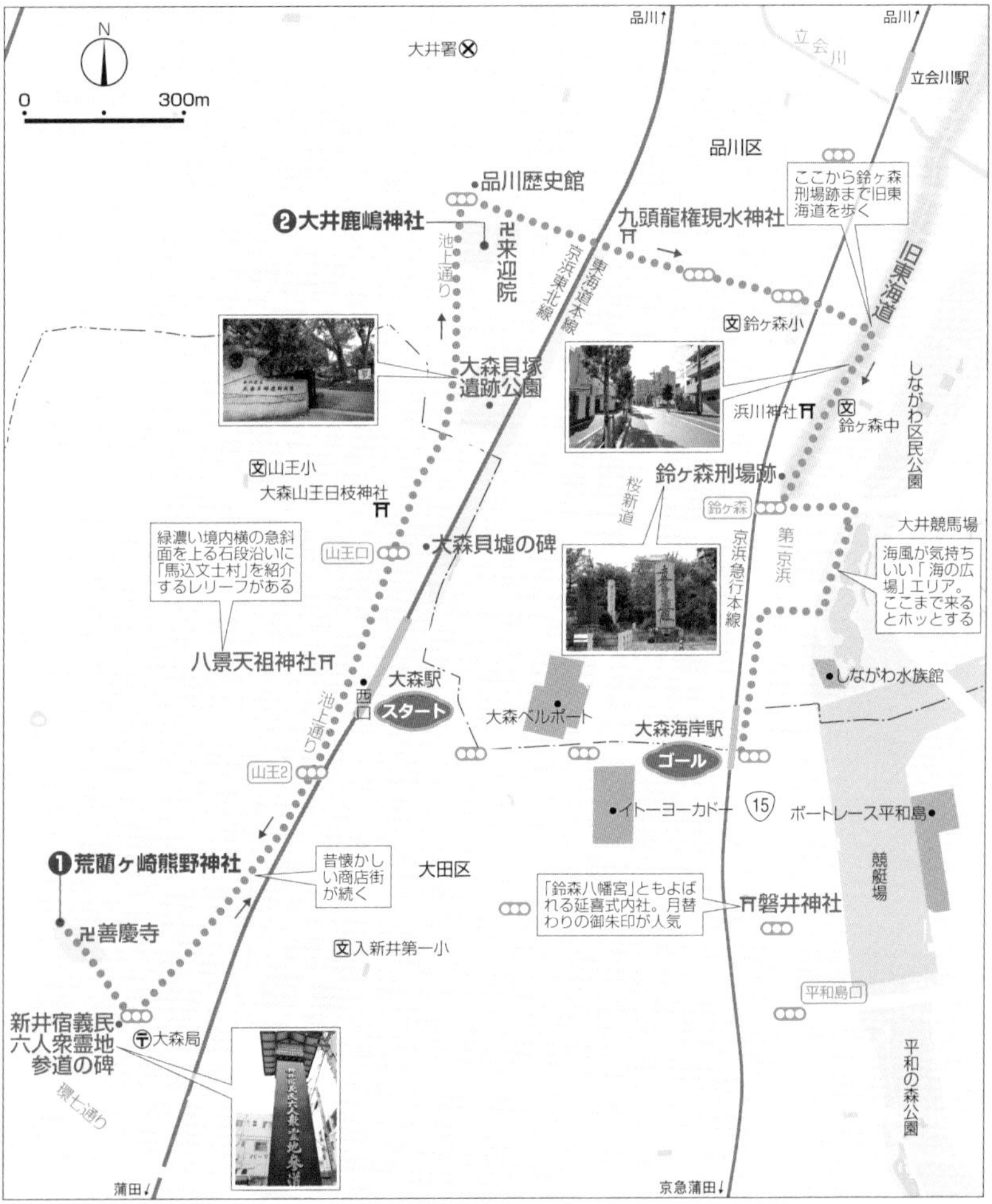

N
0 300m
品川↑
品川↑
大井署
立会川
立会川駅
品川区
品川歴史館
2 大井鹿嶋神社
来迎院
池上通り
京浜東北線
東海道本線
九頭龍権現水神社
ここから鈴ヶ森刑場跡まで旧東海道を歩く
旧東海道
鈴ヶ森小
大森貝塚遺跡公園
しながわ区民公園
浜川神社
鈴ヶ森中
山王小
大森山王日枝神社
鈴ヶ森刑場跡
桜新道
鈴ヶ森
大井競馬場
第一京浜
京浜急行本線
緑濃い境内横の急斜面を上る石段沿いに「馬込文士村」を紹介するレリーフがある
山王口
大森貝墟の碑
海風が気持ちいい「海の広場」エリア。ここまで来るとホッとする
八景天祖神社
しながわ水族館
大森駅
西口
スタート
大森ベルポート
大森海岸駅
ゴール
池上通り
山王2
イトーヨーカドー
15
ボートレース平和島
1 荒藺ヶ崎熊野神社
昔懐かしい商店街が続く
大田区
競艇場
「鈴森八幡宮」ともよばれる延喜式内社。月替わりの御朱印が人気
磐井神社
善慶寺
入新井第一小
平和島口
新井宿義民六人衆霊地参道の碑
大森局
平和の森公園
環七通り
蒲田↓
京急蒲田↓

低地と台地の高低差が大きく古い商店街と高級住宅地が混在

JR大森駅西口から南に下り、❶荒藺ヶ崎熊野神社へ。池上通りの商店街を抜けて「新井宿義民六人衆霊地参道」の碑を右折すると、神社の長い参道が延びています。かつて別当寺だった善慶寺の本堂を右に見ながら、さらに奥へ。境内は、急峻な石段を上った緑濃い高台にあります。

大森駅前の池上通り　荒藺ヶ崎熊野神社へはこの坂を下っていく

大森駅まで引き返し、今度は池上通りを北上します。通りの左手の高台は、大正後期から昭和初期にかけて多くの作家や画家が住んだ「馬込文士村」の一角、山王地区です。大森貝塚遺跡公園の入口を過ぎ、さらに2分ほどで、平安初期に常陸国の鹿島神宮を勧請した❷大井鹿嶋神社に到着です。隣接するかつての別当寺・来迎院とともに、古木がそびえる緑豊かで静謐な境内が広がっています。

品川歴史館の手前の信号で右折、東海道本線を越えたところにある九頭龍権現水神社にお詣りして、桜新道、第一京浜（国道15号）、京浜急行電鉄と横切り、15分ほどで旧東海道に突き当たります。6～7mという江戸時代の道幅を残す趣のある道を、題目供養塔などが立ち並ぶ鈴ヶ森刑場跡まで歩きましょう。刑場跡で左折、しながわ区民公園の海の広場エリアを通って京浜急行大森海岸駅へ。

深く知る

縄文後期～晩期の遺跡 大森貝塚

明治10年（1877）、アメリカ人動物学者エドワード・モースは、横浜から新橋に向かう汽車の窓から貝塚らしきものを発見。すぐに学術的な発掘調査が行われ、東京・神奈川にあっては貴重な、縄文時代後期から晩期の貝塚であることがわかりました。

その場所は現在のJR大森駅に近い線路際の一帯で、品川区と大田区が接する場所であることから、品川区側は大森貝塚遺跡公園内の「大森貝塚」碑、大田区側は大森駅の近くの「大森貝墟」碑と、二つの記念碑が建てられています。貝殻をはじめ土器、土偶、石斧、人骨片などの出土品は、昭和50年（1975）に国の重要文化財に指定されました。

NTTデータ大森山王ビル横の階段下に立つ「大森貝墟」碑

別当寺と今も軒を連ねる

1 荒藺ヶ崎熊野神社（あらいがさきくまのじんじゃ）

大田区山王

荒藺ヶ崎は相模（さがみ）街道の要衝の地で、往古は海岸線がすぐ近くまで迫る小高い岬だったようです。『万葉集』の歌「草陰の荒藺の崎の笠島を見つつか君が山路越ゆらむ」の「荒藺の崎」は当社が鎮座する高台で、「笠島」は、磐井（いわい）神社の笠島弁財天のことと伝わっています。旧別当寺の善慶寺（ぜんけいじ）境内を通り抜け、霊地の雰囲気に満ちた50段の石段（男坂）を上りきると神域が広がります。

かつてこの一帯は新井（荒藺）宿として栄え、元亨（げんこう）年間（1321〜23）に当地開拓のために遣わされた紀州氏族が、熊野三山の神々を勧請（かんじょう）しました。元和（げんな）年間（1615〜24）には、日光東照宮から下賜された木材で社殿が造営されています。善慶寺には、江戸初期に年貢減免の直訴を図り処刑された「新井宿農民六人衆」の墓があります。

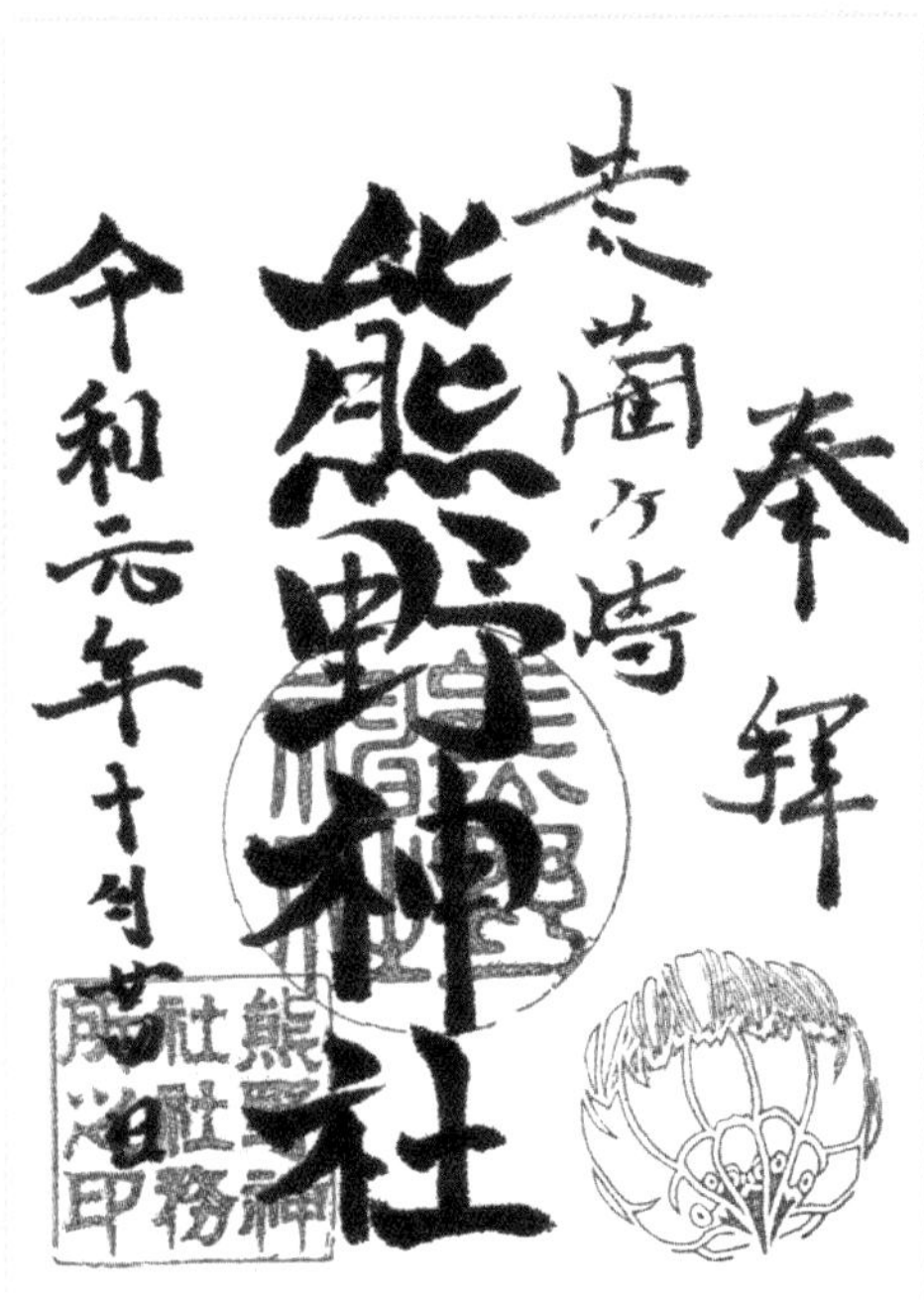

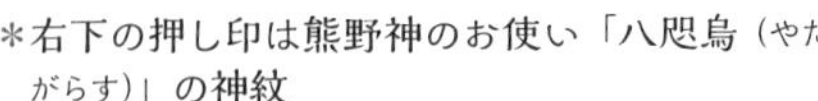
＊右下の押し印は熊野神のお使い「八咫烏（やたがらす）」の神紋

＊御朱印300円／9時〜17時／社務所にて授与

社殿　鮮やかな朱塗りの社殿は戦後の再建。本殿の中に江戸初期建立の旧本殿が納められている

境内　正面の石段が男坂。右手に女坂と摂社・衆善稲荷神社がある

⛩ 御祭神　**伊弉諾尊・伊弉冉尊・速玉雄尊・事解雄尊**

♥ 御利益　**開運招福・商売繁盛・厄除け・縁結び**

大田区山王3-43-11
03-3774-2980
JR京浜東北線大森駅から徒歩15分

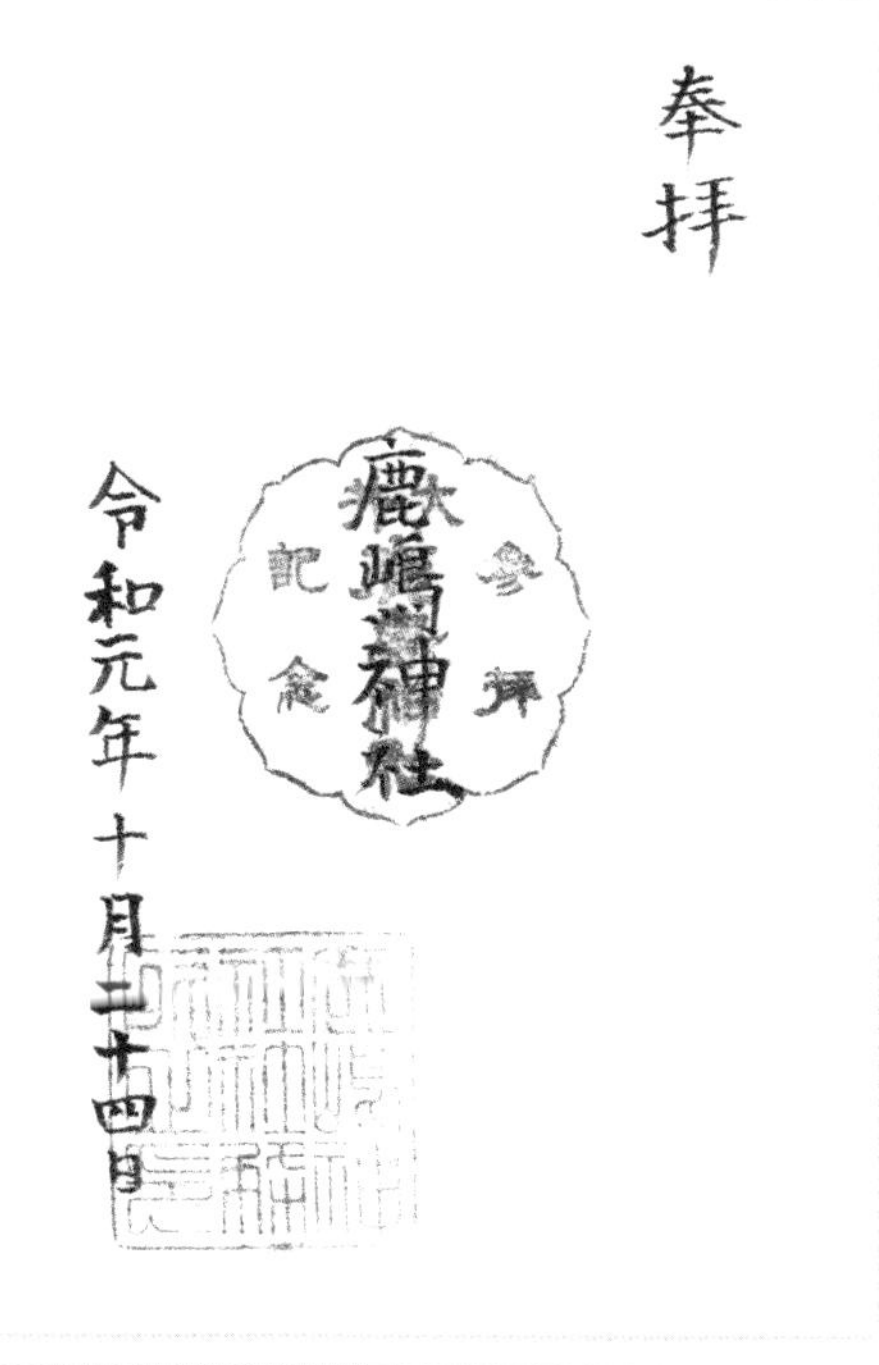

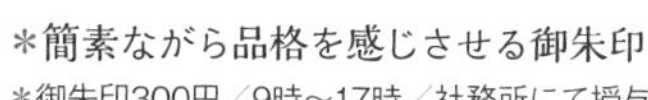
＊簡素ながら品格を感じさせる御朱印
＊御朱印300円／9時〜17時／社務所にて授与

社殿　総檜造りの堂々たる社殿は昭和6年（1931）に再建された

旧本殿　江戸時代末期に造営された本殿は、覆屋に守られて拝殿の右手奥に鎮まる

御祭神　**武甕槌大神**
御利益　**交通安全・旅行安全・勝負運・商売繁盛**

品川区大井6-18-36
03-3775-0753
JR京浜東北線大森駅から徒歩10分

緑深い社叢と戦前の社殿が調和

② 大井鹿嶋神社

品川区大井

平安時代の安和2年（969）、常行寺の僧・尊栄法印が、常陸国の鹿島神宮を勧請したことに始まる古社です。以来、旧別当寺の来迎院とともに旧大井村の鎮守となりました。

武蔵野台地の突端だったこの地は、海と陸の境界に祀られることの多い鹿島神・武甕槌神が鎮座するにふさわしい地だったのでしょう。江戸時代には徳川将軍家の鷹場となり、桜が植樹されるなど景勝地として整えられ、今は「しながわ百景」に認定されています。相撲の奉納も多く、「江戸郊外三大相撲」の一社でもあります。

末社を合祀する境内社として覆屋の中にある旧本殿は、文久2年（1862）の造営。美しい鎌倉彫は必見です。樹齢約200年、区の天然記念物のタブノキ、アカガシもみごとです。

尾張徳川家の下屋敷跡・戸山公園の周辺を歩く

コース⑩ 西早稲田から東新宿

学習院女子大や早稲田大のキャンパスがある閑静な文教地区から、戸山公園の緑豊かな道を通る平坦なコースです。わずかな距離ですが、旧鎌倉街道中道の一部も歩きます。

スタート 西早稲田駅 …… 3分 ……▶ ❶ 新宿諏訪神社 …… 50分 ……▶ ❷ 西向天神社 …… 10分 ……▶

ゴール 東新宿駅

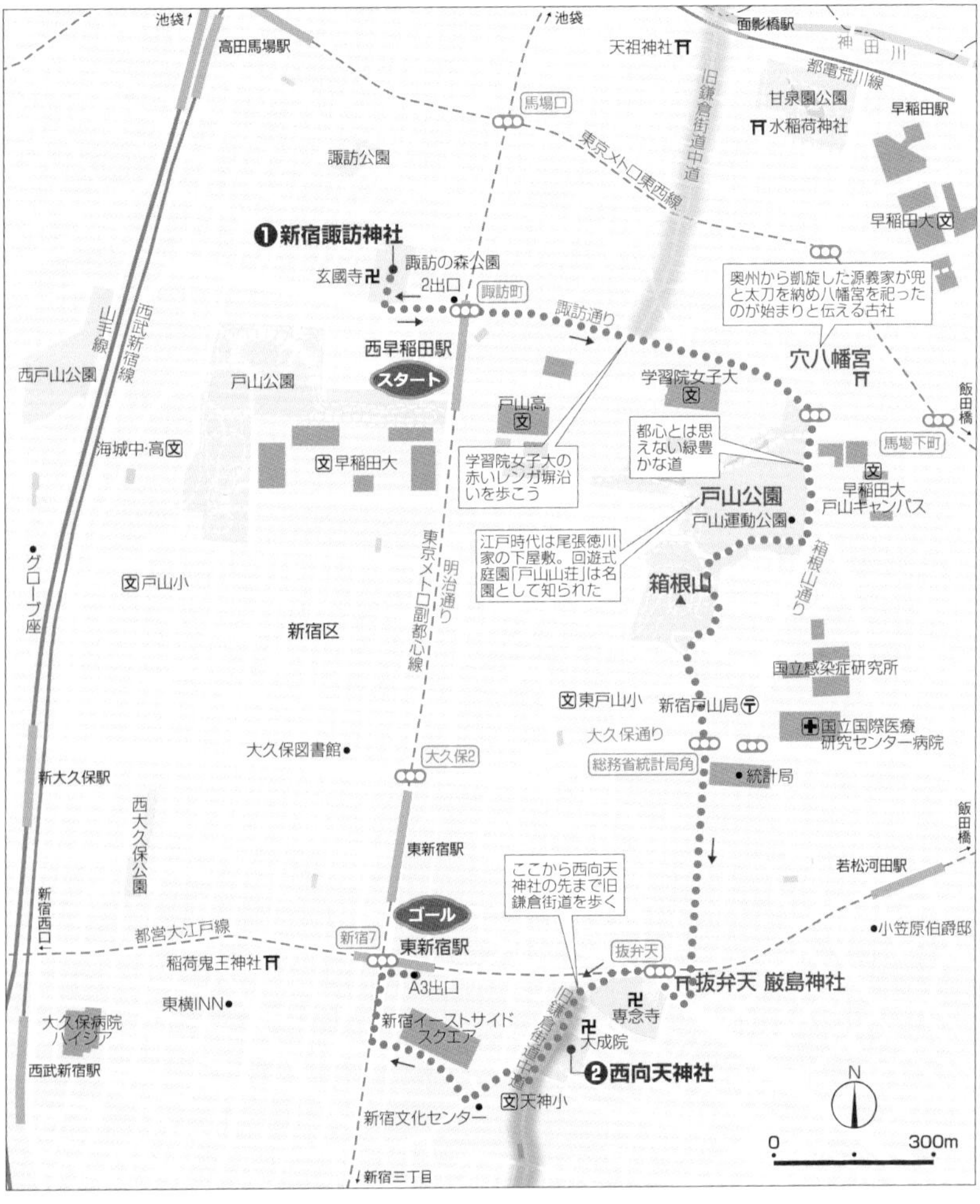

❶新宿諏訪神社

❷西向天神社

穴八幡宮

奥州から凱旋した源義家が兜と太刀を納め八幡宮を祀ったのが始まりと伝える古社

学習院女子大の赤いレンガ塀沿いを歩こう

都心とは思えない緑豊かな道

戸山公園

江戸時代は尾張徳川家の下屋敷。回遊式庭園「戸山山荘」は名園として知られた

箱根山

ここから西向天神社の先まで旧鎌倉街道を歩く

抜弁天 厳島神社

0 300m

東京の「おすわさま」と旧鎌倉街道に面した天神社

武運の神として武士の信仰を集めた❶新宿諏訪神社から東に少き、戸山公園沿いを南下します。

学習院女子大の趣あるレンガ塀が続く諏訪通りから箱根山通りに入ると、空気は一変。戸山公園の木々が日差しを遮って、ひんやりと体感温度が下がるほどです。戸山運動公園の先で園内に入り、南へ抜けます。標高44・6ｍの箱根山に登ってみるのもおすすめです。

総務省統計局角の信号で大久保通りを渡り、さらに南下すると、その名の通り参道を通り抜けられる抜弁天厳島神社があります。源義家がこの地で富士山を望み、安芸の厳島神社に戦勝を祈願したことに由来する小さな社です。

厳島神社抜弁天　20mほどの参道脇に小さな社殿がある

専念寺横の緩やかな坂道を下り、旧鎌倉街道を❷西向天神社へ向かいます。鎌倉街道とは各地から鎌倉へ至る道で、古代の官道や地方道をつないで鎌倉幕府が整備した古道です。西向天神社前の道は、3本ある幹線道路のうちのひとつ、中道の一部です。神社の正式名称は大久保天満宮。地形の都合上社殿が西を向いていることから、西向天神社とよばれています。

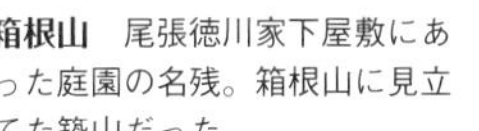
箱根山　尾張徳川家下屋敷にあった庭園の名残。箱根山に見立てた築山だった

深く知る

土着信仰と絡み合う奥深い「諏訪信仰」

諏訪神社は長野県の諏訪大社から全国に勧請され、関東にも数多くの分社があります。御祭神は、出雲大社に鎮まる大国主神の子・建御名方神（諏訪明神）。国譲りを迫る武甕槌神に最後まで抵抗し、力比べに破れて諏訪地方に逃れた神です。諏訪では土着神の洩矢神との戦いに勝ち、諏訪明神として祀られるようになりました。

諏訪にはほかにも、諏訪明神の妻となった八坂刀売やソソウ神、チカト神など謎めいた神々がいて、「御柱祭」「御頭祭」などの不思議な祭りも、土着の信仰と複雑に絡み合ったものです。

さらに諏訪一帯には、縄文時代に遡る古い神（精霊）がいたらしく、「ミシャグジ」などとよばれ、今も古木の根元に石棒を祀った祠があちこちで見られます。諏訪大社の神事では、このミシャグジを人に憑けて降ろしたり、諏訪明神もミシャグジも正体は龍蛇神とされたりなど、奇妙に関わっているのも興味深いところです。

拝殿　唐破風に二重の千鳥破風がのった屋根、意匠を凝らした彫刻がみどころ

大鳥居　神社の名前を冠した諏訪通りから境内へ。クスノキなど古木の森が迎えてくれる

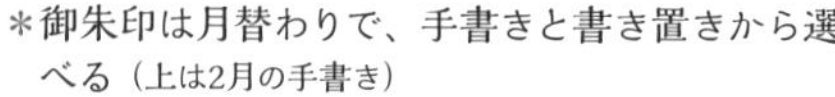
＊御朱印は月替わりで、手書きと書き置きから選べる（上は2月の手書き）

＊御朱印500円／9時～16時（変更あり、HPで要確認）／社務所にて授与

⛩ 御祭神　**大国主命・事代主命・武御名方命**

♥ 御神徳　**万事必勝・新規開拓・良縁・家内安全・商売繁盛**

新宿区高田馬場1-12-6

03-3209-3835

東京メトロ副都心線西早稲田駅から徒歩3分

今も「おすわさま」と親しまれる

1 新宿諏訪神社

新宿区高田馬場

平安時代の初めごろ、小野篁が大国主命・事代主命を祀ったことに始まると伝えられています。奥羽街道の一部の松原街道に面していたことから、当初は松原神社と称しました。

前九年の役の際は源頼義・義家親子が戦勝祈願して凱旋し、武器を納めました。以来、武運の神として崇敬を集め、太田道灌も社殿を再営しています。諏訪神社と改称したのは江戸時代初期、尾張徳川家の祖・徳川義直が信濃国の諏訪神を勧請して合祀したことからです。

かつて神社一帯は「諏訪の森」とよばれ、『江戸名所図会』には鬱蒼と木々の茂る境内が描かれています。手水舎には数百年前から境内に湧き出している霊水が満ち、自然豊かだった昔を偲ばせてくれます。

＊中央の朱印の輪郭は梅の花、文字は「武蔵国　西向天満宮　大久保郷」

＊御朱印300円／9時～17時／社務所にて授与

紅皿の墓

隣接する別当寺・大聖院の境内には、太田道灌の山吹の里伝説に登場する少女・紅皿の墓といわれる「紅皿の碑」があります。蓑ひとつない貧しさを山吹の花に喩えた少女の教養に触発され、道灌は歌道に精進したといいます。

境内　一の鳥居、石段、二の鳥居、社殿が真っ直ぐに並ぶ

⛩ 御祭神　**菅原道真公**

♥ 御利益　**学業成就・学力向上・地域の鎮護**

新宿区新宿6-21-1

03-3351-5875

東京メトロ副都心線東新宿駅から徒歩10分

境内に富士塚がある天満宮

新宿区新宿

② 西向天神社

旧東大久保村の鎮守で、正式な名称は大久保天満宮です。神社の社殿の多くは「天子南面す」の故事から南を、あるいは日の出の方向の東を向いていますが、当社は地形上の理由から西を向いています。そのため西向天神社とよばれるようになりました。クスノキの古木などが茂る緑豊かな境内は、新宿の繁華街が間近とは思えないほど静かです。

安貞2年（1228）に明恵上人が村人とともに祠を建て、菅原道真公自作の尊像を祀ったことが始まりと伝えます。鷹狩りの際に訪れた三代将軍徳川家光は、荒廃した社殿を嘆いて黄金の棗を下賜。それをもって再興したことから「棗天神」とも称されました。

幕末、境内に大きな富士塚が築造され、評判をよびました。今ある富士塚は大正時代の再建です。

神社めぐりの合間の商店街歩きも楽しい

コース⑪ 阿佐ヶ谷から高円寺

中央線沿線の住宅地として人気の杉並区阿佐ヶ谷と高円寺。賑やかな商店街、地域の成り立ちや歴史を伝える用水路跡や緑道をたどりながら、鎮守社を訪ねます。

スタート **阿佐ヶ谷駅** …… 3分 ……▶ ❶ 阿佐ヶ谷神明宮 …… 30分 ……▶ ❷ 馬橋稲荷神社 …… 25分 ……▶ ゴール **高円寺駅**

馬橋公園
文馬橋小
松山通り（旧鎌倉街道）
中杉通り
❶阿佐ヶ谷神明宮
阿佐ヶ谷村の名主だった相沢家の屋敷。樹齢400年といわれるケヤキの屋敷林が残る
世尊院前
文杉並第一小
けやき屋敷
杉並区
ゴール
中野→
高円寺駅
荻窪←
北口
中央線
南口
阿佐ヶ谷駅
文杉並学院高
長仙寺卍
スタート
⛩高円寺氷川神社・気象神社
阿佐谷パールセンター
❷馬橋稲荷神社
高円寺パル商店街
高円寺南4
飲食から雑貨までなんでもそろう、にぎやかなアーケード街
馬橋稲荷神社の長い参道を往復する
桃園川緑道
中杉通り
杉並第六小前
杉並第六小文
高南通り
アーケードはここまで。緑の多い住宅街に延びる遊歩道を歩く
阿佐ヶ谷中文
荻窪←
阿佐ヶ谷にしはら公園
馬橋通り
西照寺卍
◎杉並区役所
南阿佐ヶ谷駅
天保新堀用水路跡
⊗杉並署
中野坂上→
五日市街道入口
東京メトロ丸ノ内線
青梅街道
新高円寺駅
N
0 300m

阿佐ヶ谷の鎮守から活気あふれる商店街へ

桃園川の浅い谷間の地に開けたこのエリアは、江戸時代を通じて農村地帯で、阿佐ヶ谷、高円寺は当時からの地名です。中央線の阿佐ヶ谷駅と高円寺駅は、大正11年（1922）に開業。翌12年の関東大震災をきっかけに井伏鱒二、太宰治、与謝野晶子ら作家が数多く移り住み、荻窪や高円寺も含めて「阿佐ヶ谷文士村」といわれました。書店や古本屋、ライブハウスなどの多さから住みたい町として若者にも人気の、魅力的な町です。

桃園川緑道　道沿いの各所にかわいいいモニュメントが置かれている

阿佐ヶ谷の鎮守社❶阿佐ヶ谷神明宮は阿佐ヶ谷駅北口からほど近く、駅前から神社まで小道を歩きます。境内に入ると、町中とは一線を画した静けさに包まれます。

参拝後は広い中杉通りを駅へ戻り、高架をくぐって南口の商店街「阿佐谷パールセンター」へ。約700mにわたって飲食店・生活雑貨・洋品店など約240軒が並ぶ、いつも賑やかなアーケードを抜けたら、左の道に入ります。

この道は、天保11年（1840）に善福寺川から桃園川へ水を補給するために開削した天保新堀用水路の跡で、両側に民家が立ち並び、小さな児童公園もある静かな遊歩道です。地形に沿ってゆるやかにカーブする道の先で馬橋通りに突き当たったら、左折して❷馬橋稲荷神社へ。参道の先には、住宅地にありながら驚くほど広々とした境内が広がっています。

ゴールの高円寺駅までは桃園川緑道を歩きます。桃園川は、荻窪駅近くの天沼弁天池公園あたりから中野まで流れる川です。今はすべて暗渠化されていますが、高円寺駅南側の約1600mが緑道として整備されています。木々に囲まれた石畳の道が延び、町中に比べて空気もさわやかです。

深く知る　高円寺パル商店街

高円寺駅周辺の商店街の多さは東京でも指折りです。その中のひとつが、桃園川緑道から高円寺駅南口までのアーケード「高円寺パル商店街」です。「高円寺阿波おどり」は昭和32年（1957）、氷川神社に奉納する催しとしてこの商店街の青年部から発案されました。

本殿（御垣内三殿） “三貴子”がひとつの神社に祀られ、社殿が並ぶ形式はたいへん珍しい

絵馬 三日月や波の形をした絵馬もある

〝三貴子〟が揃って鎮座する都内有数の「お伊勢さま」

1 阿佐ヶ谷神明宮

杉並区阿佐谷北

阿佐ヶ谷一帯の古くからの守り神で、東京の「お伊勢さま」のなかでも有数の規模を誇ります。

珍しいのは、拝殿奥の御垣内中央に天照大御神、向かって右に月読命、左に須佐之男命の〝三貴子〟をお祀りしていること。この御垣内三殿は拝殿脇から間近に見ることができ、その凛としたたたずまいに思わず胸が震えます。天照大御神は太陽、月読命は月、須佐之男命は海を象徴とし、それぞれの社殿に装飾として施されています。

本殿の前に立つ鳥居は、平成25年（2013）に式年遷宮を終えた伊勢神宮から下賜されました。拝殿左手の降臨殿（祈祷殿）には、天照大御神の荒御魂と豊受大神も祀られています。

日本武尊が東征の途中に当地に立ち寄ったという伝承があり、のちにその徳を慕って神社が建てられたのが始まり。下って建久年間（1190～98）に地元の豪族が伊勢神宮参拝の折に霊示を受け、神宮の宮川の水中から霊石を持ち帰って御神体としたと伝えられています。

江戸時代には氏子から銅製の三本御幣が奉納されるなど、庶民の伊勢信仰の中心となりました。

神域は約3000坪と広大。天照大御神の御祖神、伊弉諾命・伊弉冉命と日本武尊が元宮に祀られ、天孫を地上に導いた猿田彦命の社も鎮座する境内は、あたかも神話の世界を再現しているようです。

⛩ 御祭神 **天照大御神・豊受大神・月読尊・須佐之男尊**

♥ 御利益 **厄除け・健康・心願成就**

杉並区阿佐谷北1-25-5

03-3330-4824

JR中央線阿佐ヶ谷駅から徒歩3分

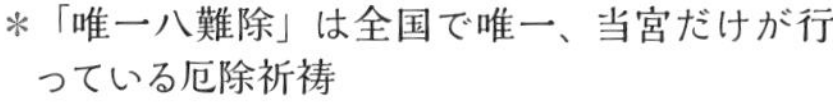
＊「唯一八難除」は全国で唯一、当宮だけが行っている厄除祈祷
＊御朱印300円／9時〜16時30分／授与所にて授与

拝殿　平成21年（2009）の大改修の際に本殿と切り離し、現在の姿になった

元宮　社殿に向かって右側にあり、日本武尊、伊弉諾尊、伊弉冉尊が祀られている

能楽殿　例大祭では「阿佐ヶ谷囃子」（杉並区無形民俗文化財）が演奏される

伊勢神宮と皇室の古くて深い関係

天照大御神の孫にあたる瓊瓊杵尊が「葦原の瑞穂の国」（地上）に降臨し、その子孫が紀元前660年に初代神武天皇として即位したのが、現在まで続く皇室の始まりとされています。のちに天照大御神は皇室の祖先神として伊勢の神宮に祀られ、神宮は皇室の「氏神さま」となりました。

神宮のお祭りは年間1500以上。それらはすべて皇室の繁栄と国家の安泰を願うものです。かつては斎宮とよばれる未婚の女性皇族が、天皇の代理として神宮に仕えていましたが、現在は祭主という神職の最上位に元皇族の女性が就任するのが慣わしとなっています。

神前幕には皇室・皇族の紋章「十六花弁菊紋」が

神殿　三つの鳥居がつながった三輪鳥居（三ツ鳥居）の奥に、拝殿・幣殿・本殿が鎮まる

正参道　神橋は二の鳥居と三の鳥居の間に架かる。参道の両脇にはせせらぎが

地元の崇敬篤い「お稲荷さま」参道を歩むうち心が落ち着く

② 馬橋稲荷神社

杉並区阿佐谷南

鎌倉時代末期の創建と言い伝えられている、旧馬橋村の鎮守社です。一の鳥居は、樹齢400年のヒバ材を用いた朱塗りの明神台輪鳥居。そこから一歩足を踏み入れると、東京ではあまりみられない赤い神橋の架かった正参道が続いています。近くには幼稚園も小学校もある住宅街の神社であることを忘れてしまうほど、境内は緑豊かで静謐です。都内最大という直径75㎝の「開運の鈴」を提げた随神門をくぐると、珍しい朱塗りの三輪鳥居が立ち、その奥に赤い前掛けの神狐を従えて神殿が鎮座しています。

天保2年（1831）には氏子たちの上申によって「正一位足穂稲荷大明神」の神号を賜りました。現在は覆殿の中にありますが、本殿は天保2年造営当時のまま残されているというから驚きます。

明治40年（1907）に馬橋村一帯にあった御嶽社、天神社、水神社、白山社を合祀。昭和40年（1965）の住居表示改正によって「馬橋」の地名がなくなることを惜しみ、「稲荷神社」から「馬橋稲荷神社」と神社名を改称しました。このことからも、当社が一貫して地域を守る神社であったことがわかります。

数多い授与品のなかでは「願かけ狐」が人気。願い事を書いた紙を焼物の狐の中に入れて奉納するもので、社務所の横や神狐の足元にずらりと並んでいます。

⛩ 御祭神　宇迦之魂神・大麻等能豆神（おおまとのづのかみ）
♥ 御利益　商売繁盛・五穀豊穣・縁結び

杉並区阿佐谷南2-4-4
03-3311-8588
JR中央線阿佐ヶ谷駅から徒歩10分

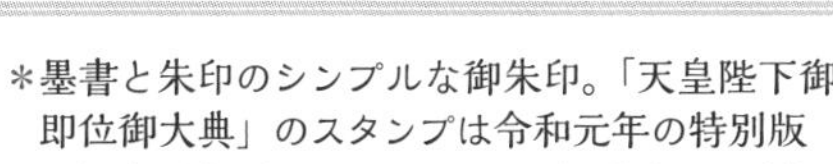
＊墨書と朱印のシンプルな御朱印。「天皇陛下御即位御大典」のスタンプは令和元年の特別版

＊御朱印初穂料は志納／8時30分～18時／社務所にて授与

随神門　昭和50年（1975）に鎮座700年を記念して建立。左右に戸守りの神像を祀っている

拝殿　昭和13年（1938）に総檜造りで改築された

願かけ狐　品のいい表情が魅力的。牡（右）と雌の2種類ある

双龍鳥居はパワースポット

馬橋稲荷神社の正参道には3基の鳥居が並んでいます。そのうちの二の鳥居は左に昇り龍、右に降り龍が巻き付いた、珍しい双龍鳥居です。昭和7年（1932）、杉並村が大東京市に編入されることを記念して奉納されました。

古い中国の思想では龍は水の動きを示します。雲気ともいい、水蒸気となって天に上昇する姿が昇り龍、これが雲となって蓄えられ、恵みの雨となって地上に降り注ぐ姿が降り龍です。

この鳥居に触れながら願い事をすると叶うという、密かなパワースポットでもあります。双龍鳥居は東京ではほかに品川神社と高円寺境内の稲荷社にしか見られず、「東京三鳥居」といわれています。

御影石造りの明神鳥居。左に昇り龍、右に降り龍が彫られている

水とかかわりが深い「いずみ」の地

コース⑫狛江から和泉多摩川

弁財天池周辺の緑陰、多摩川の川風が心地よいコース。公園も点在していて、休憩をとりやすいのも魅力です。時間があれば、狛江駅周辺の古墳も見学してみましょう。

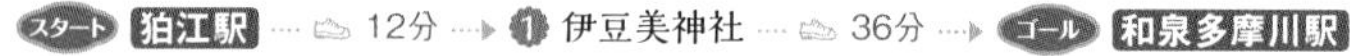

松原
狛江第一小
狛江市
兜塚古墳
❶伊豆美神社
春は桜並木が薄紅色に染まる
狛江市民センター前
狛江市役所
喜多見
玉川碑
和泉小
水神前
水神社
西河原公民館
狛江和泉小入口
福祉会館通り
田中橋
経塚古墳
緑豊かな保全地区の小道を歩く
六郷さくら通り
泉竜寺
エコルマホール
西河原公園
西河原自然公園
むいから民家園
北口
狛江駅
スタート
多摩川五本松
弁財天池
狛江弁財天池特別緑地保全地区
多摩川を右手に眺めながら、歩きやすい遊歩道を進む
亀塚古墳
狛江第三中
小田急小田原線
多摩川
世田谷通り
狛江高
狛江高校
西口
和泉多摩川駅
ゴール
多摩水道橋
川崎市多摩区
多摩川緑地公園グラウンド
登戸
N
0 300m

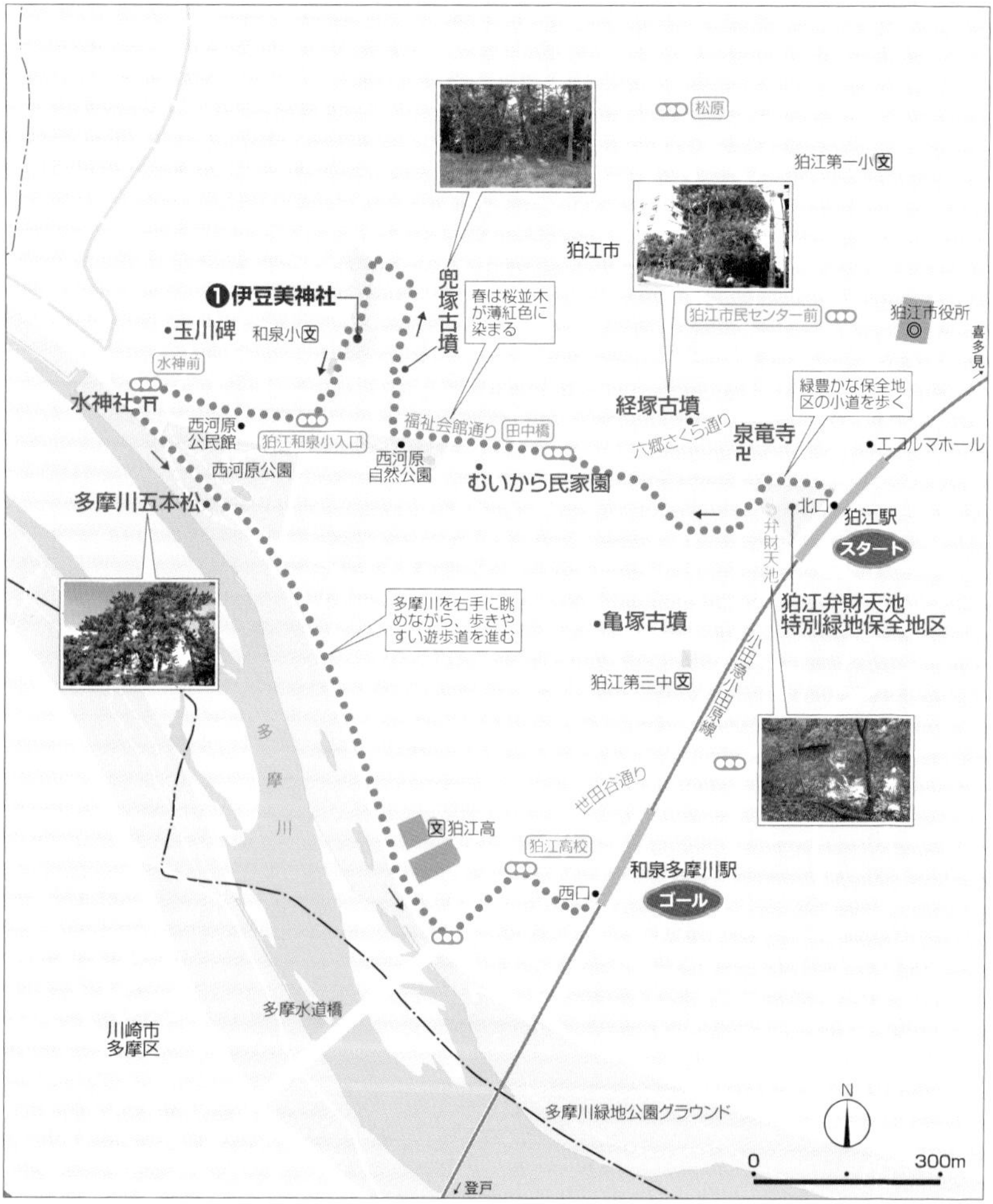

「狛江百塚」といわれる古墳群や神秘的な弁財天池に歴史を感じる

多摩川の北岸に位置する狛江の地の起源は古く、朝鮮半島からの渡来系氏族が5世紀ごろから定住したといわれています。狛江駅の周辺だけでも、5世紀後半ごろの経塚古墳、5世紀後半～6世紀初頭ごろの亀塚古墳、6世紀前半の兜塚古墳などの古墳が点在しています。

狛江駅北口周辺は、「狛江弁財天池特別緑地保全地区」になっています。その木々に覆われた小道を行くと古刹・泉竜寺。山門の外にある神秘的な弁財天池は、奈良・東大寺を開山した良弁が雨乞いの祈祷をした際に湧き出たと伝わり、「和泉」の地名の由来になったともいいます。

多摩川　川沿いにはサイクリングロードでもある快適な道が整備されている

多摩川の水害を今に伝える水神社と旧跡の玉川碑

田中橋交差点を越え、福祉会館通りへ。田中橋は、かつてこのあたりを流れていた六郷用水（別名・次大夫堀）にあった橋の名にちなみます。サクラ並木の福祉会館通りはその六郷用水の上に造られました。古民家を移築したむいから民家園（狛江市立古民家園）の先を右に折れると、狛江古墳群のなかで最も墳丘の原形をとどめている兜塚古墳。その西に狛江の総鎮守❶伊豆美神社が鎮座します。

伊豆美神社は平安前期、宇多天皇の代に創建され、江戸時代初期、多摩川の洪水で現在地に遷座しました。多摩川岸の旧地には現在、水神社が祀られ、その近くには、玉川碑が立っています。奥州白河藩主で後に老中として寛政の改革を行った松平定信が万葉集の文字を彫った碑でしたが、文政12年（1829）の多摩川大洪水の際に流失し、現在も不明。大正11年（1922）に渋沢栄一らが旧碑の拓本をもとに再建しました。

帰りは多摩川沿いをのんびり歩きながら和泉多摩川駅へ。新東京百景にも選ばれている河畔の通称・多摩川五本松もみどころです。

玉川碑　「玉川碑跡」として東京都の旧跡に指定されている

社殿　福の神、農業神、病気を治す神様として人々から篤く信仰されてきた狛江総鎮守

クス　樹齢は不明だが、二股に分かれて天高く幹を伸ばす

歴史的「関東三大鳥居」が立つ平安時代からの狛江の総鎮守

❶ 伊豆美神社

狛江市中和泉

平安時代の寛平元年（889）に「六所宮」として祀られた、狛江の総鎮守です。天文19年（1550）の多摩川の洪水で土地を流され、現在の場所に遷座しました。参道に立つ、高さ2・6m、柱間1・5mの石造の優美な印象の鳥居は、慶安4年（1651）に奉納された狛江市指定の重宝です。江戸初期の石造鳥居は都内でも例が少なく、市内では最古のもの。鶴岡八幡宮（鎌倉市）、日光東照宮（日光市）と並び、歴史的「関東三大鳥居」のひとつに数えられています。

社殿の周りには、境内社（神明宮、福徳稲荷神社、諏訪神社、山際神社、疱瘡神社、厳島神社、靖國神社など）、神楽殿、参集殿が立っています。神楽殿の脇に、開国を成しとげた井伊直弼の功績と井伊家に仕えた儒学者・小町雄八の遺徳を伝える「井伊直弼公敬慕碑」（狛江市指定重宝）もあります。境内には、その歴史を物語るようにイチョウや松の大木が見られます。とくに社殿裏手の、二股に分かれて伸びるクスの木は見事です。

伊豆美神社が以前あった多摩川岸には現在、元宮の跡として水神社が鎮まり、小泉次大夫をお祀りしています。水神社の近くには、『万葉集』巻十四に収められた名歌「多摩川に曝す手作りさらさらに何そこの児のここだ愛しき」を刻んだ玉川碑（万葉歌碑）が立ち、伊豆美神社の御朱印にも「万葉歌碑」の文字が見られます。

⛩ 御祭神　大國魂大神・小野大神・小河大神・氷川大神・秩父大神・金鑽大神・杉山大神ほか関東の主な神社の神々

♥ 御利益　縁結び・招福・繁栄・商売繁盛・病気平癒

狛江市中和泉3-21-8
03-3489-8105
小田急線狛江駅から徒歩12分

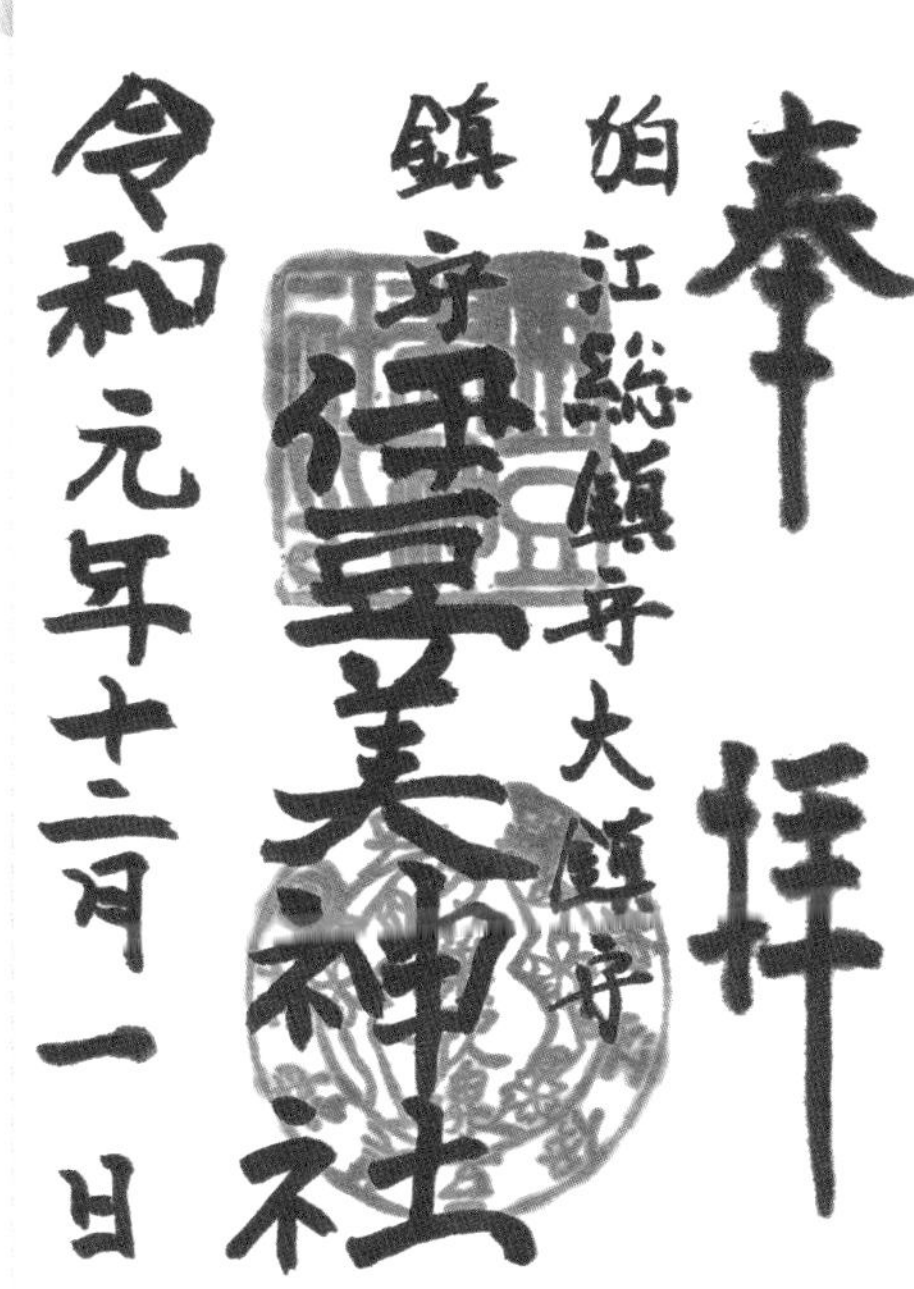

＊中央下には、この地の古さを伝える「万葉歌碑」の丸印が押される

＊御朱印300円～／9時～16時／社務所にて授与

格天井　拝殿の格天井は関東近辺の信者が詠んだ和歌などで埋め尽くされている

石造鳥居　材質は花崗岩とされる。関東大震災や長年の風雪にも耐えて今日に至る

御神鏡　直径約1mもあり、神秘的かつ威厳が感じられる

小泉次大夫をお祀りする水神社

六郷用水は慶長2年（1597）から同14年にかけて、徳川家康の家臣で用水奉行の小泉次大夫によって造られた灌漑用の水路です。別名、次大夫堀といわれるゆえんです。

この用水は多摩川から水を取り入れて野川と合流させ、現在の大田区まで延長23・2㎞あります。周辺の田畑を潤してきましたが、現在はその役割を終えています。

伊豆美神社の元宮跡にある水神社の御祭神は、小泉次大夫と水波能売神です。六郷用水工事完成の偉業をたたえ、用水守護の神様として祀られています。なお、世田谷区喜多見の野川沿いには、小泉次大夫の名を冠した次大夫堀公園があります。

六郷用水取入れ口にあたり、地域の人たちに大切にされてきた

布田五宿の総鎮守・布多天神社周辺を歩く

コース⑬ 調布から布田

調布駅から旧甲州街道を通ってまず下石原神社にお詣りします。布多天神社と国領神社はケヤキ並木の甲州街道に面しています。起伏がなく、とても歩きやすいコースです。

スタート 調布駅 ···· 20分 ···> ❶ 下石原八幡神社 ···· 15分 ···> ❷ 布多天神社 ···· 17分 ···>

③ 國領神社 ···· 9分 ···> ゴール 布田駅

三鷹市
N
0　300m
水生植物園
戦国時代前期に扇谷上杉氏が造営した城館の跡
深大寺城跡
中央自動車道
深大寺自然広場
6世紀終わりごろの創建と伝える古社。天和3年(1683)再建の本殿が現存する
虎狛神社
調布市
武蔵境通り
野川
佐須町
北多摩病院
❶下石原八幡神社
マルエツ
❷布多天神社
電気通信大学
下石原
調布特別支援
小島町
20
第一小
布多天神前
ケヤキの高木の並木道が続く
下石原一丁目
調布駅前局
小島一里塚
天神商店街
甲州街道
八雲台小
小島町1
西友
下布田
西調布
調布駅西
鶴川街道
調布パルコ
中央口
スタート
調布駅
③國領神社
旧甲州街道
グリーンホール
京王線
調布市役所
ゴール
布田駅
国領
京王多摩川

甲州街道ケヤキ並木　1964年の東京オリンピックでマラソンコースになったのを記念して植えられた

宿場町として栄えた調布一帯と水木しげるの漫画世界

調布は江戸時代、甲州街道沿いにできた5つの宿場町（布田五宿）の中心地として発展しました。布多天神社は、その総鎮守です。調布駅前から北に延びる天神商店街はその参道にあたり、天神社まで5分ほどで行けますが、このコースは少し離れた兼務社の下石原八幡神社から参拝します。

調布駅前から旧甲州街道に出たら、左へ進みます。小島町一丁目交差点手前に往時を伝える「小島一里塚」の石碑が置かれています。鶴川街道と交差する下石原一丁目の信号を右折し、しばらく歩くと甲州街道に出ます。

左に進むと、右側に❶下石原八幡神社の鳥居が見えてきます。調布に50年以上住んだ漫画家・水木しげるは、『ゲゲゲの鬼太郎』の舞台として地元を登場させました。人気キャラクターの猫娘は、この神社の社殿軒下に棲んでいると設定されています。いかにもそんな雰囲気がある、ひっそりとした佇まいが魅力です。

参拝後、甲州街道を東に歩いて❷布多天神社へ向かいます。じつはここも、水木作品と関わりの深い場所。本殿裏の御神域の森は、「ゲゲゲの鬼太郎が棲む森」として知られています。さらに甲州街道を東に歩けば、「千年の藤」で有名な❸國領神社があります。

旧甲州街道 小島一里塚

甲州街道は、江戸幕府によって整備された五街道のひとつです。江戸日本橋から甲府を経て、信濃国の下諏訪宿で中山道と合流する、200km強に及ぶ街道でした。五街道にはほぼ一里ごとに道の両側に塚が築かれ、旅人が遠くからでも見えるように目印としてエノキが植えられていました。

調布駅近くにある「小島一里塚」跡は、日本橋からおよそ六里（24km）の距離にあたります。かつては樹齢200年というエノキの大木がありましたが、昭和40年（1965）ごろ危険防止のため伐採されてしまいました。

「えの木駐車場」の敷地内に石碑と説明板が立っている

『ゲゲゲの鬼太郎』猫娘ゆかりの神社

①下石原八幡神社（しもいしわらはちまんじんじゃ）

調布市富士見町

江戸時代前期以前の創建と伝えられています。甲州街道布田五宿のひとつ、下石原宿の鎮守社として崇敬され、江戸時代末奉納の石碑や狛犬が置かれた境内は、静かで落ち着けます。普段は御朱印はありませんが、「ゲゲゲ忌」期間中（11月末〜12月初め）は、猫娘の限定御朱印を布多天神社で頒布しています（当社を参拝した人に限ります）。

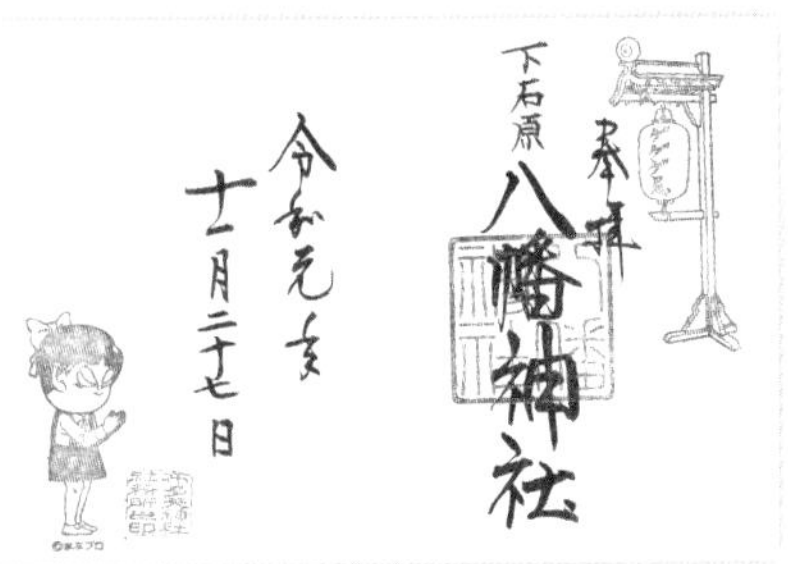

*菊の透かし模様の入った和紙が優しいイメージ

*ゲゲゲ忌限定御朱印1000円／9時30〜16時30分／布多天神社社務所にて授与（下石原神社拝殿前に掲示されている合い言葉を伝える）

⛩ 御祭神　誉田別尊・倉稲魂神

♥ 御利益　勝運・仕事運・五穀豊穣

📍 調布市富士見町2-1-11　📞 042-489-0022（布多天神社社務所）　🚉 京王線調布駅から徒歩20分

見事な花を咲かせる「千年の藤」

②國領神社（こくりょうじんじゃ）

調布市国領町

起源は古代、多摩川のほとりに鎮座していた第六天社。甲州街道が整備された江戸時代の初めごろに遷座し、明治2年（1869）に神仏分離のため寺から分かれました。境内には藤棚が広がり、4月下旬から5月にかけて見事な花を咲かせます。この藤は樹齢400〜500年ともいわれる御神木で「千年の藤」と称えられています。

*藤の花の押し印は4月の開花から5月の連休明けまで

*御朱印500円／9時〜12時、13時〜16時／社務所にて授与

⛩ 御祭神　神産巣日神・天照大神・建速須佐之男命

♥ 御利益　五穀豊穣・延命長寿・無病息災

📍 調布市国領町1-7-1　📞 042-482-5207　🚉 京王線布田駅から徒歩9分

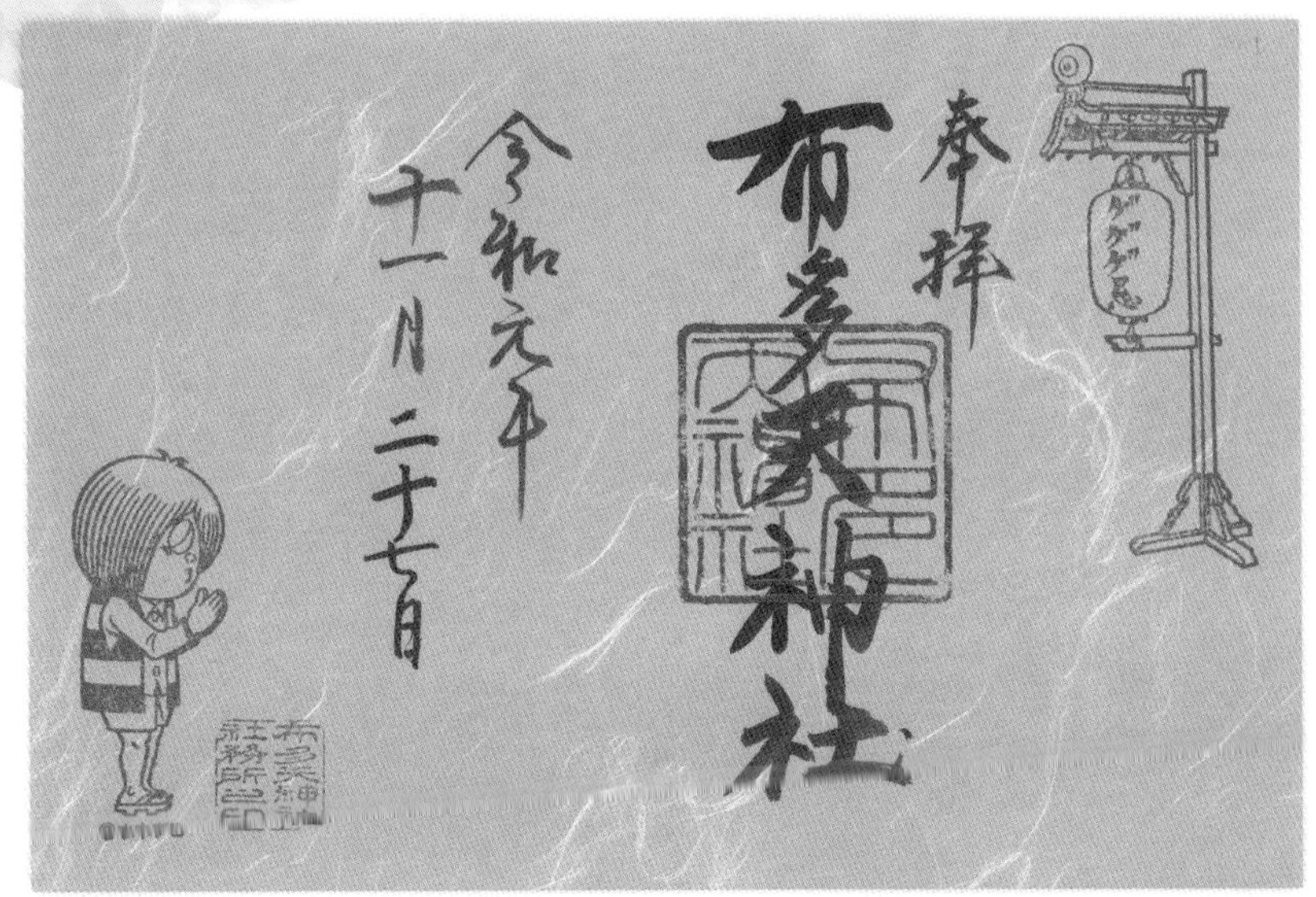

＊細長い繊維をすき込んだ和紙が使われている
＊ゲゲゲ忌限定御朱印1000円（通常御朱印は500円）／9時30分～16時30分／社務所にて授与

本殿　宝永3年（1706）に再建された建物が現存する（調布市指定有形文化財）

⛩ 御祭神　**少名毘古那神・菅原道真公**
♥ 御利益　**厄除け・健康・商売繁盛・学業成就**

調布市調布ヶ丘1-8-1
042-489-0022
京王線調布駅から徒歩5分

地元で親しまれる調布の里の鎮守

③ 布多天神社（ふだてんじんしゃ）

調布市調布ヶ丘

平安時代に制定された法典『延喜式（えんぎしき）』に記載されている、多摩地方有数の古社です。創建の地は現在地より南の多摩川沿いにあり、「古天神」とよばれるその場所（布田5丁目）には公園と縄文遺跡などがあります。商売繁盛・学業成就の御利益を求める参拝者が絶えず、毎月25日の月例祭では神楽（かぐら）殿で里神楽が奉納されます。また月1回骨董市も開かれています。

境内には由緒ある古木が多く、たいへん緑豊かです。なお、鬼太郎が棲む森とされる本殿裏の御神域の森は、立ち入り禁止です。

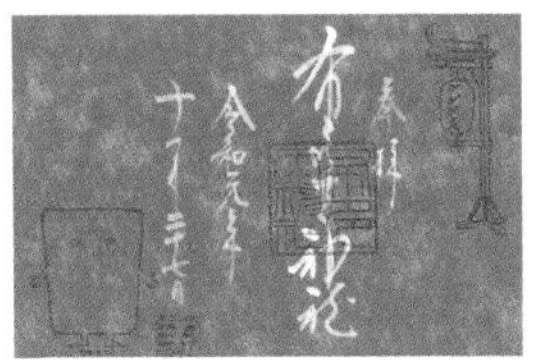
ゲゲゲ忌限定御朱印　岩のような模様の和紙を使った「ぬりかべ」の御朱印もある

※「ゲゲゲ忌」は、水木しげるさんの命日（11月30日）の前後10日間に開催される、調布市観光協会主催のイベントです。詳細は公式サイト「調布観光ナビ」でご確認ください。

3つの古社を電車に乗ってめぐる

コース⑭府中から谷保

府中駅前から延びるけやき並木通りには、庚申塔や万葉歌碑などがあります。のんびり散策しましょう。旧甲州街道は、歩道はあるものの狭く、自転車も通るから気をつけて。

スタート **府中駅** ……5分……▶ ❶ 大國魂神社 ……20分……▶ 分倍河原駅 ……2分……▶ 中河原駅 ……10分……▶ ❷ 小野神社 ……15分……▶ 西府駅 ……2分……▶ 谷保駅 ……3分……▶ ❸ 谷保天満宮 ……3分……▶ ゴール **谷保駅**

西国分寺
武蔵国分寺跡
国分寺市
武蔵台公園
桐朋高
国立高
国立市
府中栄町3
府中高
栄町交番前
西原町1
府中刑務所
東京農工大
立川
ゴール
谷保駅
南口
❸谷保天満宮
新府中街道
東芝府中工場
武蔵野線
北府中駅
府中街道
府中市
国立インター入口
都立農業高
甲州街道
国立府中IC
本宿交番前
本宿町
20
スタート
寿町1
府中駅
けやき並木通り
南口
府中西高
日新通り
西府駅
南口
旧甲州街道
ふるさと府中歴史館
東府中
日新通りの緑道を歩く
片町2
弁慶坂
府中第五小
日本電気府中事業場
高安寺
府中高札場
府中市役所
観光情報センター
武蔵国府跡
南武線
分倍河原駅
府中本町駅
分梅町4
国司館地区と家康御殿史跡広場
京王線
小野神社❷
中央自動車道
大國魂神社❶
東京競馬場
鎌倉街道
「東大山道」の看板を左へ曲がる
N
北口
サントリー武蔵野工場
0
500m
中河原駅
南多摩
郷土の森博物館
多摩川
郷土の森公園
聖蹟桜ヶ丘

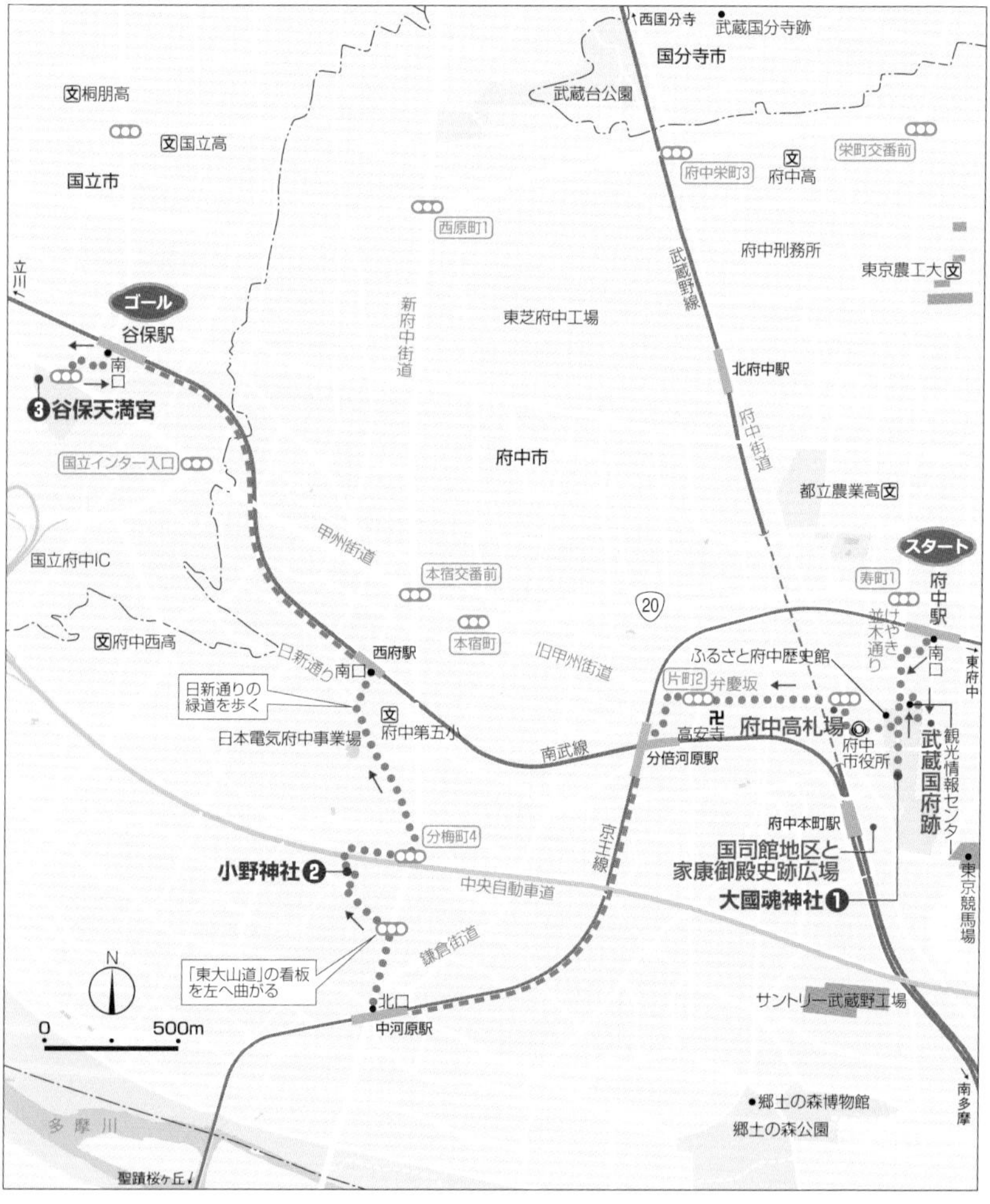

古代ロマンあふれる国府の地に鎮座する森厳とした大國魂神社

府中は、奈良時代初めから平安時代中期にかけて武蔵国を治めていた役所が置かれ、古代武蔵国の〝首都〟武蔵国府として栄えました。❶大國魂神社のあたりは国の史跡「武蔵国府跡」に指定されています。

京王線府中駅を降りたら、国の天然記念物のけやき並木を歩きます。ここは大國魂神社の参道で、11世紀中ごろ、奥州の安倍氏との戦い（前九年の役）に勝利したことを記念して、源頼義・義家父子がケヤキの苗木1000本を植えたのが始まりといいます。のちに徳川家康も並木に補植し、馬場を献納しました。

高札場前の旧甲州街道を分倍河原駅へ。右角は江戸後期創業の酒屋

府中は甲州街道の宿場町でもあります。旧甲州街道と府中街道が交わる角には、江戸後期の高札場、府中高札場が現存しています。旧甲州街道をそのまま西へ進み、ゆるやかな弁慶坂を下ると分倍河原駅です。弁慶坂は、旧甲州街道沿いにある高安寺の井戸水を使って弁慶が墨をすり、大般若経を書写したという伝説から名づけられたといいます。

延喜式に記載のある小野神社と東日本最古の谷保天満宮を参拝

京王線でひと駅の中河原駅で下車、新府中街道を北へ進み、❷小野神社へ向かいます。住宅街にある小ぢんまりとした神社ですが歴史は古く、鳥居のたもとには「延喜式内　郷社小野神社　多摩郡八座内」と彫られた大正4年（1915）建立の石碑が立ち、平安時代以前より鎮座していたことがうかがえます。江戸時代の旅人は、甲州街道からわざわざ少しそれて参詣したようです。

小野神社から北上し、途中、緑豊かな日新通りを歩き、南武線の西府駅に出ます。西府駅からひと駅の谷保駅で下車すると、じきに❸谷保天満宮の鎮守の杜が見えてきます。厳かな神域には社殿や神楽殿、宝物殿、車お祓所などが並びます。

東日本最古の天満宮として知られ、合格祈願の絵馬も多数掛かっています。水が豊かな崖線にあることから、境内には常盤の清水がこんこんと湧き、弁天池には厳島神社が立っています。

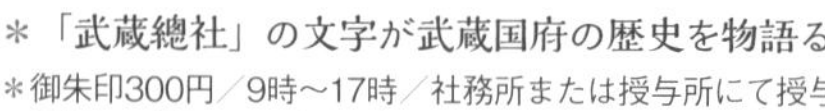

＊「武蔵總社」の文字が武蔵国府の歴史を物語る

＊御朱印300円／9時～17時／社務所または授与所にて授与（曜日・時間により変わる）

拝殿　明治18年（1885）に改築。ケヤキの素木造、切妻千鳥破風がある堂々とした構え

宮乃咩（みやのめ）神社　境内社のひとつで祭神は天鈿女命（あめのうづめのみこと）。頼朝が妻の安産を祈願した神社

⛩ 御祭神　**大國魂大神ほか**

♥ 御利益　**縁結び・厄除け・健康**

府中市宮町3-1

042-362-2130

京王線府中駅、JR南武線・武蔵野線府中本町駅からいずれも徒歩5分

"大国さま"を主祭神とする武蔵総社

府中市宮町

1 大國魂神社

その歴史は古く、およそ1900年前、第12代景行天皇の御代に、大國魂大神のご託言によって創建されました。大國魂大神は、"大国さま"としても広く知られている神様です。

当地に武蔵国の国府が置かれたことから、その中心として武蔵総社と称され、御朱印にもその文字が揮毫されています。また、武蔵国内の著名な神社6社を合祀したことから「六所宮」ともよばれるようになりました。古来、武家、貴族、民衆から崇敬を集め、源頼朝は使節を送り妻・政子の安産を祈願しました。徳川将軍家からも篤い保護を受けています。

国府祭を起源とし、1000年以上の歴史を刻む例大祭「くらやみ祭」は4月30日～5月6日に行われ、この間、府中の街は一段と活気づきます。

『延喜式』に記載されている古社

② 小野神社

府中市住吉町

平安時代の法典『延喜式』に名が見えることから、それ以前の創建と考えられています。一説には紀元前の安寧天皇の時代、武蔵国造が開拓の神・天下春命を祀ったのが始まりといいます。『日本惣国風土記』によれば、垂仁天皇3年（紀元前27年）に水の神・瀬織津比売命を勧請し、相殿にしました。現在は、国立市の谷保天満宮の兼務社です。

奉拝
武蔵國府中小野宮
式内社
小野神社
令和元年十月三十日

＊「小野宮（おののみや）」は古い別称で、この周辺の地名でもあった
＊御朱印500円／9時～16時30分／谷保天満宮社務所にて授与

御祭神　**天下春命・瀬織津比売命ほか**

御利益　**厄難除け・商売繁盛・五穀豊穣・水難除け**

府中市住吉町3-19-3　042-576-5123（谷保天満宮）

京王線中河原駅から徒歩10分

律令制度と国府の歴史をひもとく

大化元年（645）の大化の改新後、日本の国家は唐（中国）の律令を受け継ぎ、律（刑法）と令（行政法、民法）という法令によって運営されるようになりました。主に7世紀後半～9世紀ごろに、天皇を中心とする中央集権的官僚制の国家体制、いわゆる律令制度が機能します。政治組織に二官八省を置き、地方は畿内と七道とに分けられました。

そして、一国の行政・司法・軍事を担当する最高責任者として国司が中央から任命・派遣されます。その国司が政務と儀礼を司る所在地が国府です。国府の中心である役所が国庁で、国庁の周辺で行政事務を行っていた建物郡を国衙といいます。今でいう官庁街にあたります。国司の居宅兼執務室にあたる国司館も造られました。

国府は周囲に土塁をめぐらし、内側は碁盤の目状に整備されました。武蔵国府の場合、現在の大國魂神社境内とその東側の国衙域を中心に、東西約2・2m、南北最大1・8mの範囲で広がり、奈良時代の国司館の跡も確認されています。

武蔵国府跡　大國魂神社の東側にある。国衙と国司館の一部を、模型と原寸大の柱で復元・整備した

国司館地区と家康御殿史跡広場
武蔵国府の国司館跡であり、のちに徳川家康の府中御殿が置かれた場所を保存・整備した新しい施設（府中本町駅近く）

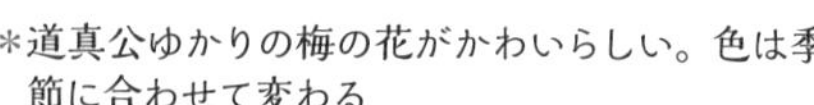

＊道真公ゆかりの梅の花がかわいらしい。色は季節に合わせて変わる

＊御朱印500円／9時〜16時30分／社務所にて授与

座牛と拝殿 拝殿奥の本殿は市内最古の建造物。道真公ゆかりの座牛が見守る

厳島神社と弁天池 弁天様を祀る厳島神社の周囲には、清らかな水が満ちている

⛩ 御祭神 **菅原道真公・菅原道武公ほか**

♥ 御利益 **学業守護・交通安全・厄除け**

国立市谷保5209

042-576-5123

JR南武線谷保駅から徒歩3分

東日本最古の天神様

③谷保天満宮

国立市谷保

縁起によれば、菅原道真公が大宰府に左遷されたとき、第3子の道武公は今の国立市谷保に配流となりました。道真公薨去の報に道武公はその姿を刻み、祀ったのが起こりといいます。

東日本の天満宮としては最も古く、湯島天神、亀戸天神と並び「関東三大天神」と称されています。現在の流造の本殿は寛延2年（1749）の建立。また、交通祈願発祥の地でもあり、自家用車専用のお祓い所で多くの人がご祈祷を受けています。

立川段丘崖に位置し、自然に恵まれた境内にはハケ(崖)から湧き出る清水が流れています。社叢は東京都指定の天然記念物。約350本の梅林や弁天池の周りにはアジサイの群生があり、1月中旬から3月にかけての紅梅白梅、梅雨の季節のアジサイの彩りが見事です。

第2章 御利益さんぽ

招福の弁財天、縁結びの氷川神社、
商売繁盛の稲荷神社。
御利益からたどる開運の神社さんぽへ。

人気者の女神は仏教の神だった
芸能上達・招福の弁財天

弁財天は仏教の神様です。にもかかわらず水の女神として信仰を集め、神社の境内を歩いていると、神池や小さな洞窟に必ずといっていいほど弁財天の小祠が祀られています。じつは弁財天は多くの顔を持つ、複雑な神様です。

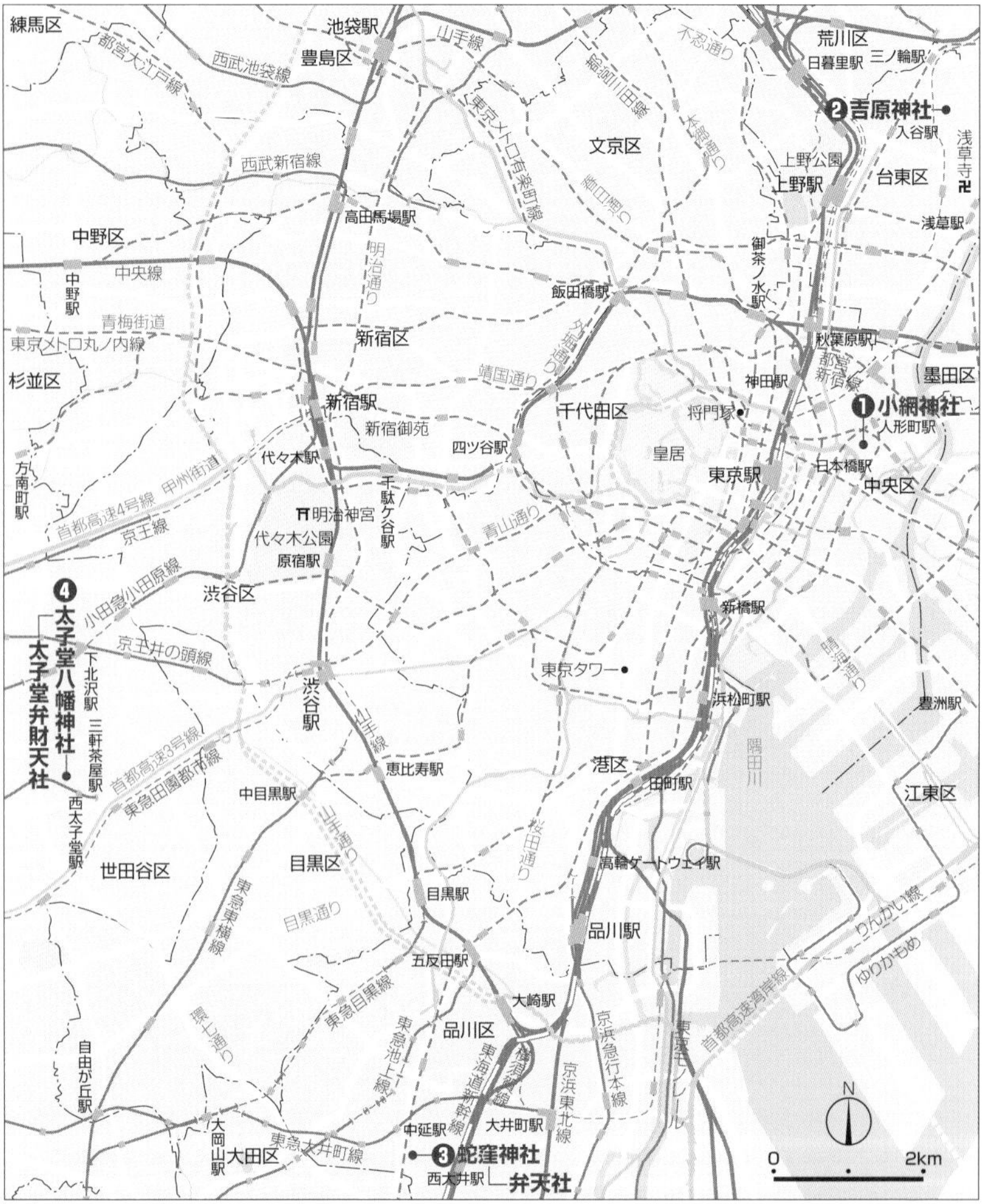

❶ 小網神社◉日比谷線・都営浅草線人形町駅　❷ 吉原神社◉日比谷線三ノ輪駅・入谷駅　❸ 蛇窪神社◉都営浅草線中延駅
❹ 太子堂八幡神社◉東急世田谷線西太子堂駅

水のあるところに弁財天あり インド・中国から日本へ

神社と寺は今でこそ別のものとされますが、江戸時代以前は寺社が同じ境内にある神仏習合の形態が一般的でした。鳥居と仏塔が同居していたり、神社の社に仏教の「天部の神」や「明王」が祀られる光景も普通のことだったのです。

その名残が、天部の神・弁財(才)天です。明治の神仏分離令によって、同じ水や海の神である市杵嶋姫命のほか多紀理姫命、多岐都姫命を含めた「宗像三女神」に名を変えましたが、人々にとっては今も現世利益に強い「弁天さま」。海や川辺、湖、池など、水のある場所には必ずこの女神が鎮座しています。

弁財天は、元はヒンドゥー教の河の神で、創造神・ブラフマーの妻・サラスヴァティーでした。じつけ仏教は、インドで生まれたヒンドゥー教の神々と混淆して成立した宗教です。仏教の経典では「弁才天」と表記され、弁舌や音楽、才知など、河のように流れるイメージを持つ事柄を象徴する神です。日本では財運が強調され、「弁財天」と表記することが多いようです。

財運、芸能、なんでもござれ 複雑な神格を併せ持つ

弁財天が財運、福徳、長寿、芸能など万能の神となったのは、水が豊穣の根源であるためです。8世紀の経典『金光明最勝王経』などによって唐から信仰が伝わると、日本では多くの神仏と習合し、複雑な変容を遂げました。神像も、二臂に琵琶を持った美しい「妙音弁才天」像もあれば、八臂に武器(弓、矢、刀、鉾、斧、長杵、鉄輪、羂索)を持った武神としての勇ましい姿もあります。

中世には、民間信仰の人頭蛇身の蛇神・宇賀神と合体し、これを頭上に戴くシュールな「宇賀弁財天」が登場します。弁財天の縁日は、巳の日。蛇神も金運に強く、弁財天とのつながりは深そうです。

近世に七福神に選ばれたのも、大黒天・毘沙門天と三面一体となった、不思議な容貌の「三面大黒天」の一尊であったためとされます。弁財天を祀る地の多くに古い龍神伝説があり、龍神や観音菩薩と同体とされるのも興味深い点です。

『俳優似顔東錦絵』(一勇斎国芳画)より「隅田川七福神の内 弁財天」(国立国会図書館蔵)

＊「萬福舟乗弁財天祭」の日から授与される限定御朱印。図柄は毎年変わる

＊御朱印500円／9時～17時／授与所にて授与

境内 ビルの狭間の小さな境内に社殿と神楽殿が立つ。共に昭和４年（1929）の建築

御祭神 倉稲魂神・市杵島比賣神・福禄寿

御利益 強運厄除け・財運向上・渡航安産

中央区日本橋小網町15-23

03-3668-1080

東京メトロ日比谷線人形町駅から徒歩5分

強運と財運を願う人々が列をなす

① 小網神社

中央区日本橋小網町

文正元年（１４６６）からこの地に鎮座し、当時の江戸城主・太田道灌も崇敬しました。昭和20年（１９４５）３月の東京大空襲では奇跡的に焼失を免れ、出征した氏子は全員生還したという逸話などから「強運厄除の神さま」として崇められるようになりました。

近年は、「東京銭洗い弁財天」の社としても信仰を集めています。境内に祀られている弁財天（市杵島比賣神）は、かつて同じ場所にあった小網山稲荷院萬福寿寺に安置されていました。明治の神仏分離令ののち同寺は廃絶したため、小網神社に遷座されました。像が舟に乗っていることから「萬福舟乗弁財天」と称されています。

10月28日の「萬福舟乗弁財天祭」には、特別御朱印を求める参拝者が列をなします。

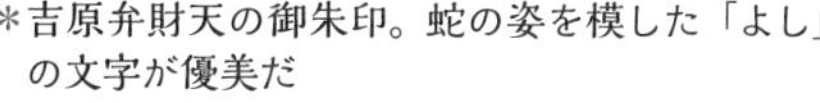

＊吉原弁財天の御朱印。蛇の姿を模した「よし」の文字が優美だ

＊御朱印500円／9時～16時30分／吉原神社の社務所にて授与

吉原神社　鳥居の左には御神木の「逢初桜（あいぞめざくら）」があり、春は美しく咲く

吉原弁財天本宮　吉原神社から徒歩1分ほどの所にある。平成24年（2012）、華やかに改装された

⛩ 御祭神　**倉稲魂命・市杵嶋姫命**

♥ 御利益　**家内安全・商売繁盛・金運**

台東区千束3-20-2

03-3872-5966（千束稲荷神社）

東京メトロ日比谷線三ノ輪駅または入谷駅からいずれも徒歩15分

吉原遊郭の歴史を伝える

② 吉原神社（よしわらじんじゃ）

台東区千束

かつて吉原遊郭には5つの稲荷社が祀られていました。入り口の大門（おおもん）には玄徳（よしとく）稲荷社が、敷地の四隅に榎本（えのもと）稲荷社、明石（あかし）稲荷社、開運（かいうん）稲荷社、九郎助（くろすけ）稲荷社があり、商売繁盛の神様として遊女の信仰を集めました。この五社が明治5年（1872）に合祀され、創建されたのが吉原神社です。関東大震災後の昭和9年（1934）、現在地に社殿が造られ、遊郭に隣接する花園池（はなぞのいけ）（弁天池）に祀られていた吉原弁財天（市杵嶋姫命（いちきしまひめのみこと））も合祀されました。

花園池は戦後埋め立てられ、跡地の花園公園には吉原神社の飛び地境内社「吉原弁財天本宮」があります。社殿の壁には、東京藝大生が描いた弁天様が微笑み、関東大震災で亡くなった遊女を供養する吉原観音、吉原の歴史を伝える石碑などの遺構が見られます。

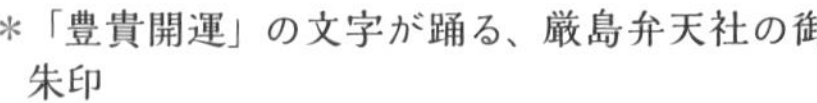
＊「豊貴開運」の文字が踊る、厳島弁天社の御朱印

＊御朱印300円／9時～17時／社務所にて授与

厳島弁天社　境内の右奥に鎮座。白蛇さまや龍神のオブジェが奉納されている

蛇窪神社　拝殿は昭和37年（1963）に建てられた

⛩ 御祭神　**天照大御神・蛇窪大明神（市杵島姫神・田心姫神・湍津姫神・蛇窪龍神・白蛇大神）**

♥ 御利益　**除災招福・病気平癒・商売繁盛**

品川区二葉4-4-12

03-3782-1711

地下鉄都営浅草線中延駅から徒歩5分

厳島弁天社に「白蛇さま」を祀る

③ 蛇窪神社（へびくぼじんじゃ）

品川区二葉

古くは蛇窪とよばれた地に、鎌倉時代末期の元亨（げんきょう）2年（1322）に創建されました。武蔵国（むさしのくに）一帯が大旱魃（だいかんばつ）にみまわれた際、この地で雨乞いの祈願をしたところ雨が降り、危機を免れたことに感謝して社を建てたといいます。

境内奥には、広島の厳島神社から勧請（かんじょう）された、市杵島姫神（いちきしまひめのかみ）ほかを祀る末社「厳島弁天社（いつくしまべんてんしゃ）」があります。ここに祀られている「白蛇さま」にも不思議な伝説があります。

かつて社殿の左横には清水が湧き出る洗い場があり、そこに白蛇が住んでいました。洗い場が無くなると、白蛇は現在の戸越公園の池に移り住みましたが、ある日、土地の旧家・森谷氏の夢枕に白蛇が現れ、元の土地に戻してほしいと懇願。そこで池を掘り、中央に弁天社を建てたということです。

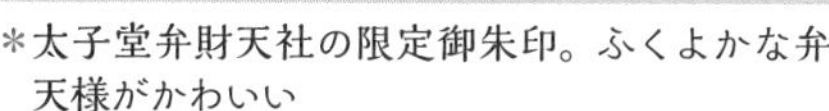

＊太子堂弁財天社の限定御朱印。ふくよかな弁天様がかわいい

＊御朱印500円／9時～17時（12時～13時は閉所）／太子堂八幡神社にて授与

太子堂八幡神社　御朱印は神職の手彫り

太子堂弁財天社　招福祈願の「絵しゃもじ」は弁財天社前で頒布されている

御祭神　**誉田別尊（弁財天社は厳島神）**

御利益　**厄除け・健康・安産・商売繁盛（弁財天社は福徳円満・芸能上達・金運上昇など）**

世田谷区太子堂5-23-5

03-3411-0753

東急世田谷線西太子堂駅から徒歩5分

鳥居の前に弁天さまを祀る

④太子堂八幡神社

世田谷区太子堂

源頼義・義家父子が前九年の役の出兵の折に戦勝祈願したという伝承を残す太子堂八幡神社は、住宅街の一角に緑豊かな鎮守の森を構える、心安らぐ神社です。月替わりの御朱印と、祭事に合わせた特別御朱印でも人気です。

その鳥居の左手前に、厳島神を祀る末社「太子堂弁財天社」が小さな鳥居とともに立っています。元は烏山川に架かる弁天橋のたもとに祀られていた水と農耕の神様を、昭和27年（1952）現在地に移しました。

弁財天の弾く琵琶がしゃもじの形に似ていることから、招福祈願にしゃもじを奉納する風習があります。太子堂弁財天社にも、絵馬ならぬ「絵しゃもじ」がたくさん奉納されて賑やかです。年に一度、5月5日に例祭「弁天祭」が行われ、記念の特別御朱印がいただけます。

旧武蔵国に分布する、須佐之男命を祀る神社

縁結び・厄除けの氷川神社

氷川神社の名は関東の人にしか聞き覚えがないかもしれません。御祭神は天照大御神の弟・須佐之男命で、神話の国・島根県の出雲とも深い関係のある神社です。特定の地方にゆかりが深い神社をめぐるのも興味深いものです。

❶江北氷川神社

❷麻布氷川神社

❸上目黒氷川神社

❹渋谷氷川神社

❺簸川神社

千住氷川神社→P28

赤坂氷川神社→P42

❶ 江北氷川神社◉日暮里舎人ライナー江北駅　❷ 麻布氷川神社◉都営大江戸線・南北線麻布十番駅
❸ 上目黒氷川神社◉東急田園都市線池尻大橋駅　❹ 渋谷氷川神社◉渋谷駅　❺ 簸川神社◉丸ノ内線茗荷谷駅

出雲神話に見える聖なる川「氷川」

さいたま市の武蔵一宮氷川神社（通称大宮氷川神社）を本宮とする氷川神社は、旧武蔵国の埼玉県と東京都北部を中心に300社近く分布するほかは、福井県に十数社、その他の県には数社しかありません。

大宮氷川神社は、宮中の元日行事「四方拝」で天皇からの拝礼を受ける神社のひとつ。氷川神社が古くから朝廷の崇敬を受けていたことがわかります。第十三代成務天皇の御代、旧出雲国の出雲臣であった兄多毛比命が出雲族を引き連れてこの地に移住し、武蔵国造に着任して氏神の須佐之男命を奉斎しました。「氷川」の名は出雲神話の「簸川」（現斐伊川）が由来です。出雲祝神社（入間市）、出雲伊波比神社（毛呂山町）、関東最古とされる鷲宮神社（久喜市）、元荒川流域に多い久伊豆神社など、出雲系の神を祀る神社が埼玉県に点在するのも、武蔵国が出雲族によって開拓された地だったためです。のちには東国で活躍する武士たちから社領や社殿の寄進も多く受けました。

江北氷川神社の近くを流れる荒川。橋は五色桜大橋

江戸市民にも人気があった水辺に祀られた厄除けの神

荒川の本流・支流を中心とした河川沿いに多く鎮座するのは、須佐之男命に水の神としての霊験があったためです。大宮氷川神社の建つ地はかつて龍神（水神）の住む「見沼」という湖沼地帯で、そこに祀られるのは同じ水神の性質を持つ神でなければならなかったのでしょう。須佐之男命は、もともと霊威の強い神。荒川の氾濫を鎮め、旱魃の際には降雨をもたらす地域の守護神となりました。弁財天は水の豊穣性を象徴する神でしたが、厄除けを御利益とし、高天原での天津罪により禊も受けた須佐之男命は、すべてのものを流し清める水の性質を象徴する神と考えられます。

江戸時代中期の随筆『望海毎談』（筆者不詳）には、市中に鎮座する「江戸七氷川」の記載があります。これは赤坂氷川神社、本氷川神社（赤坂氷川神社に合祀）、麻布氷川神社、白金氷川神社、渋谷氷川神社、簸川神社、そして現在の小日向神社または高田氷川神社の7社とされ、氷川信仰が人々に浸透していた様子が伺えます。

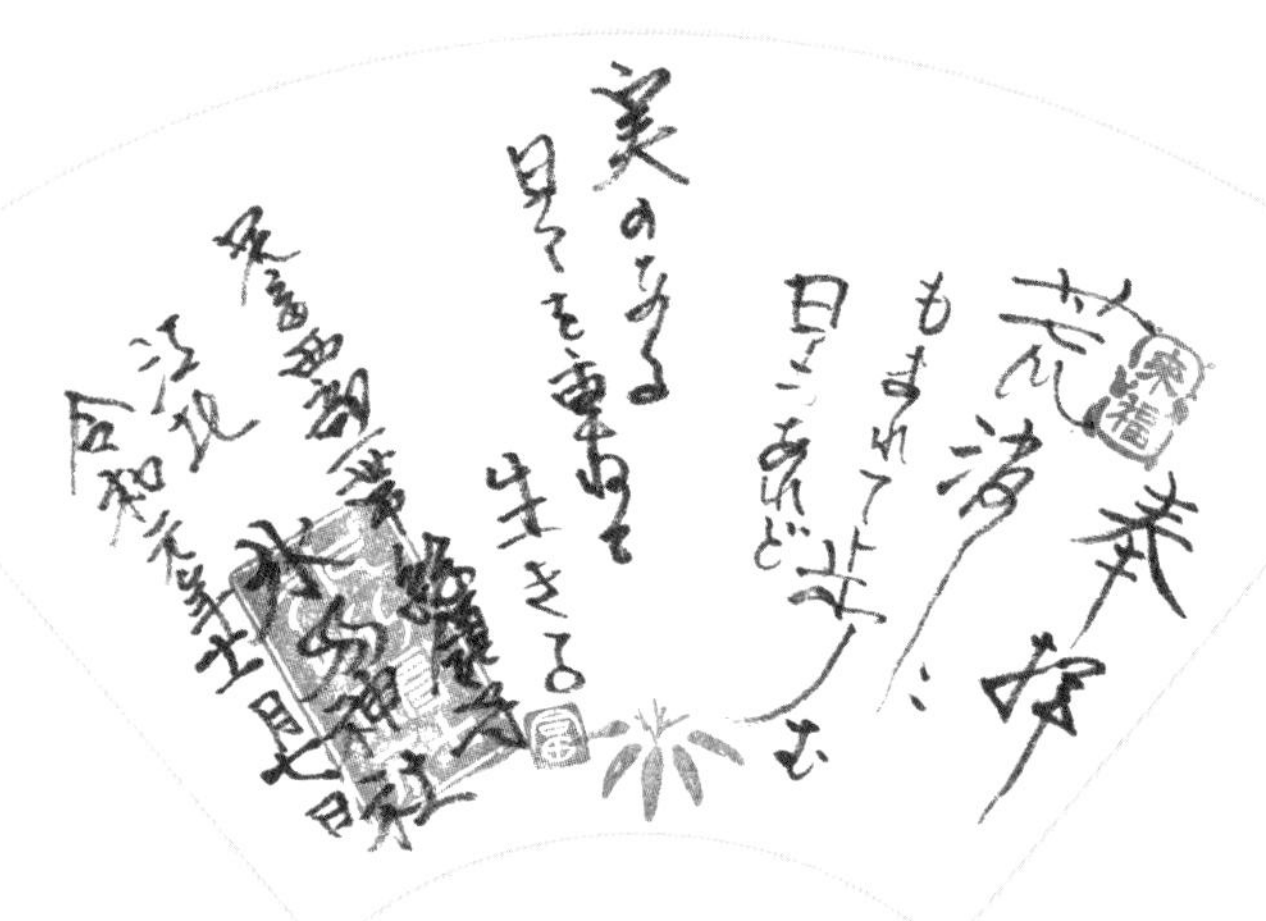

＊女性名誉宮司が年毎に詠まれる和歌が優美（書き置きは扇形）
＊御朱印500円／9時～17時／社務所にて授与（不在の場合もあるため事前に電話を）

境内　大樹に覆われた境内奥に、明治8年（1875）の再建と伝える拝殿がある

御祭神　素戔嗚尊
御利益　開運厄除け・縁結び・勝運・安産・子授け

足立区江北2-43-8
03-3897-6483
日暮里舎人ライナー江北駅から徒歩12分

荒川流域の暮らしを守る鎮守神

❶ 江北氷川神社

足立区江北

氷川神社は旧足立郡にもっとも多く分布しています。その足立区の荒川沿いに鎮座する、まさに氷川神社の典型のような神社です。かつてこの地は、荒川流域の「沼田」とよばれた湖沼地帯で、1300年前に沼田川（荒川）に入水した足立長者の娘・足立姫の伝説の舞台でもあります。その荒川の清流を出雲国の斐伊川に見立て、当地が開拓される際に治水の神として創建されたと考えられています。

境内には諏訪神社、山の神、水の神といった、昔の人々の信仰形態を伝える末社があります。鳥居の横の桜は、明治時代に荒川堤に植樹され、大正元年（1925）に日米友好の証としてワシントンD.C.へ贈られた桜の穂木ともなった「江北の五色桜」の末裔にあたります。

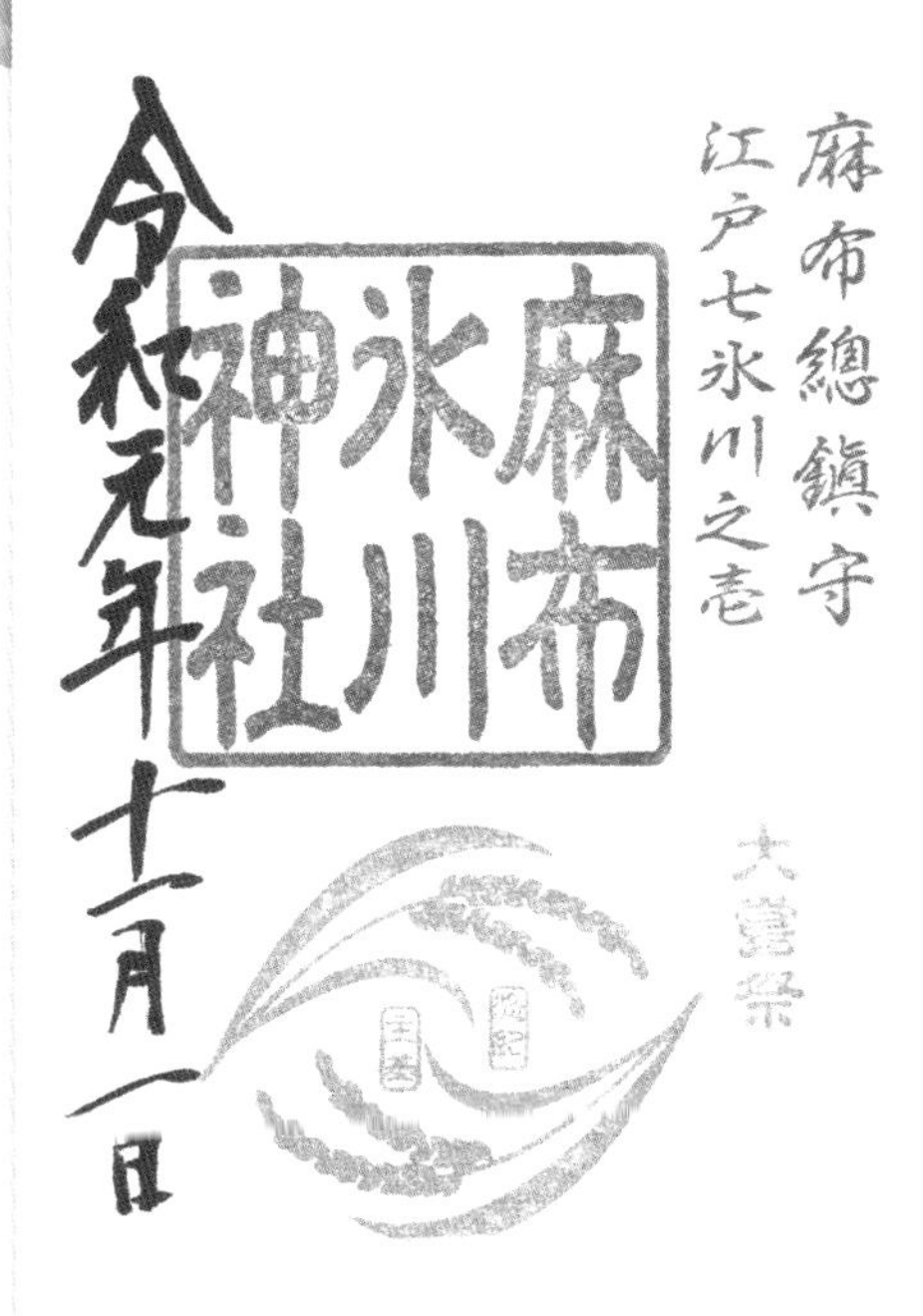

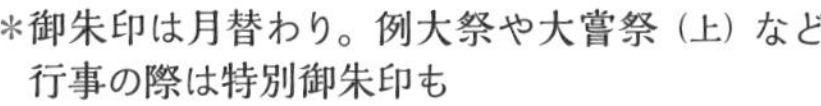
＊御朱印は月替わり。例大祭や大嘗祭（上）など行事の際は特別御朱印も

＊御朱印500円／9時～17時（時期により変動あり）／社務所にて授与

境内　麻布十番の商店街も近い高台にある。社殿の後ろにそびえるのは元麻布ヒルズフォレストタワー

⛩ 御祭神　**素盞嗚尊・日本武尊**

♥ 御利益　**勝運・商売繁盛・厄除け・出世開運・縁結び**

港区元麻布1-4-23

03-3446-8796

地下鉄都営大江戸線・東京メトロ南北線麻布十番駅から徒歩10分

由緒ある屋敷町・麻布の総鎮守

②麻布氷川神社

港区元麻布

清和源氏の祖・源経基が平将門の起こした「天慶の乱」平定のため関東へ向かう途中、現在地から坂（一本松坂）を下った「麻布一本松」のあるあたりに創建したと伝えられています。また、氷川神社への崇敬が篤かった太田道灌が勧請したという説もあります。「江戸七氷川」（P83参照）の一社「麻布一本松の市中の社」に比定され、御朱印にも「江戸七氷川之壱」の文字が見えます。人気アニメ『美少女戦士セーラームーン』に登場する「火川神社」のモデルとなったことから、海外から訪れるファンも多いそうです。

「麻布一本松」は当社の御神木で、万治2年（1659）に現在地に遷座したのちも、そのまま今日まで植え継がれてきました。『江戸名所図会』に描かれている石灯籠も残っています。

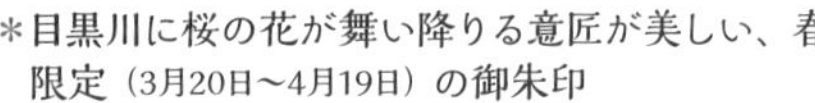
＊目黒川に桜の花が舞い降りる意匠が美しい、春限定（3月20日～4月19日）の御朱印
＊御朱印300円／9時～16時30分／社務所にて授与

目黒富士浅間神社　御朱印（左）は3月8日～19日に授与。目黒富士登山道（右）は昭和50年（1975）ごろに整備された

社殿　昭和39年（1964）に鉄筋コンクリート造で再建

⛩ 御祭神　**素盞嗚尊・天照大御神・菅原道真公**

♥ 御利益　**厄除け・学業成就**

目黒区大橋2-16-21
03-3466-2507
東急田園都市線池尻大橋駅から徒歩4分

古くから厄除けの霊験で知られる

目黒区大橋

③ 上目黒氷川神社

旧大山街道（現玉川通り）に面する高台に鎮座する神社です。鳥居の左下には江戸時代に大勢の大山参詣者が通った街道の道標が残り、境内へは小松石製の急峻な石段を上って入ります。天正年間の1573年ごろに武田信玄の家臣・加藤氏が甲斐国から移住する際、産土神の氷川明神を祀ったのが始まり。以来、近くを流れる目黒川の氾濫や疫病の流行から氏子を守る、悪疫撤退の神様として崇敬を集めました。

自然の崖を利用した「目黒富士登山道」で、末社の目黒富士浅間神社にも参拝しましょう。目切坂にあった富士塚「目黒元富士」を明治11年（1878）に移したもので、近年まで頂上から富士山が望めたそうです。境内にはそのほか巨大な御神木のクスノキや、地主神の稲荷神社も祀られています。

渋谷最古、日本武尊にもゆかりあり

④渋谷氷川神社

渋谷区東

恵比寿駅からも歩ける静かな地区に、約４０００坪の緑濃い境内が広がっています。日本武尊が東征の途中に立ち寄った際に創建したと伝える、渋谷区最古の神社です。社殿は、長い参道を進んだ先の高台に鎮座。素戔嗚尊と稲田姫命という仲のよい夫婦神を祀ることから、縁結びに御利益があると女性たちに人気です。

御祭神　素戔嗚尊　稲田姫命

御利益　縁結び・家内安全・商売繁盛・厄除け

渋谷区東2-5-6　03-3407-7534　JRほか渋谷駅から徒歩12分

＊御朱印は月ごとに絵柄が変わる。毎月15日限定の縁結び御朱印も

＊御朱印500円／9時～16時30分／社務所にて授与

「巣鴨の入口なる」江戸七氷川の一社

⑤簸川神社

文京区千石

紀元前の創建とされる、都内屈指の古社。平安時代後期には源義家が参籠したとも伝えます。当初は現在の小石川植物園内にあった古墳上に鎮座。高台の現在地には元禄12年（１６９９）に遷座しました。大正時代の終わりごろ、それまでの「氷川」から、出雲神話の簸川に由来する神社であることを表す「簸川」に改称しました。

御祭神　素盞嗚尊・稲田姫命・大己貴命

御利益　厄除け・商売繁盛・縁結び・学業成就

文京区千石2-10-10　03-3941-6687　東京メトロ丸ノ内線茗荷谷駅から徒歩6分

＊地域の総社らしい、堂々たる御朱印

＊御朱印500円／9時～17時／社務所にて授与

江戸の暮らしを見守った「お稲荷さま」

健康・商売繁盛の稲荷神社

かつて「江戸に多いもの」といえば「お稲荷さま」でした。大小の稲荷社から武家の屋敷神として、また路地の小祠、店先の神棚にも祀られていました。江戸の人々の暮らしは、お稲荷さまの御加護とともにあったといえます。

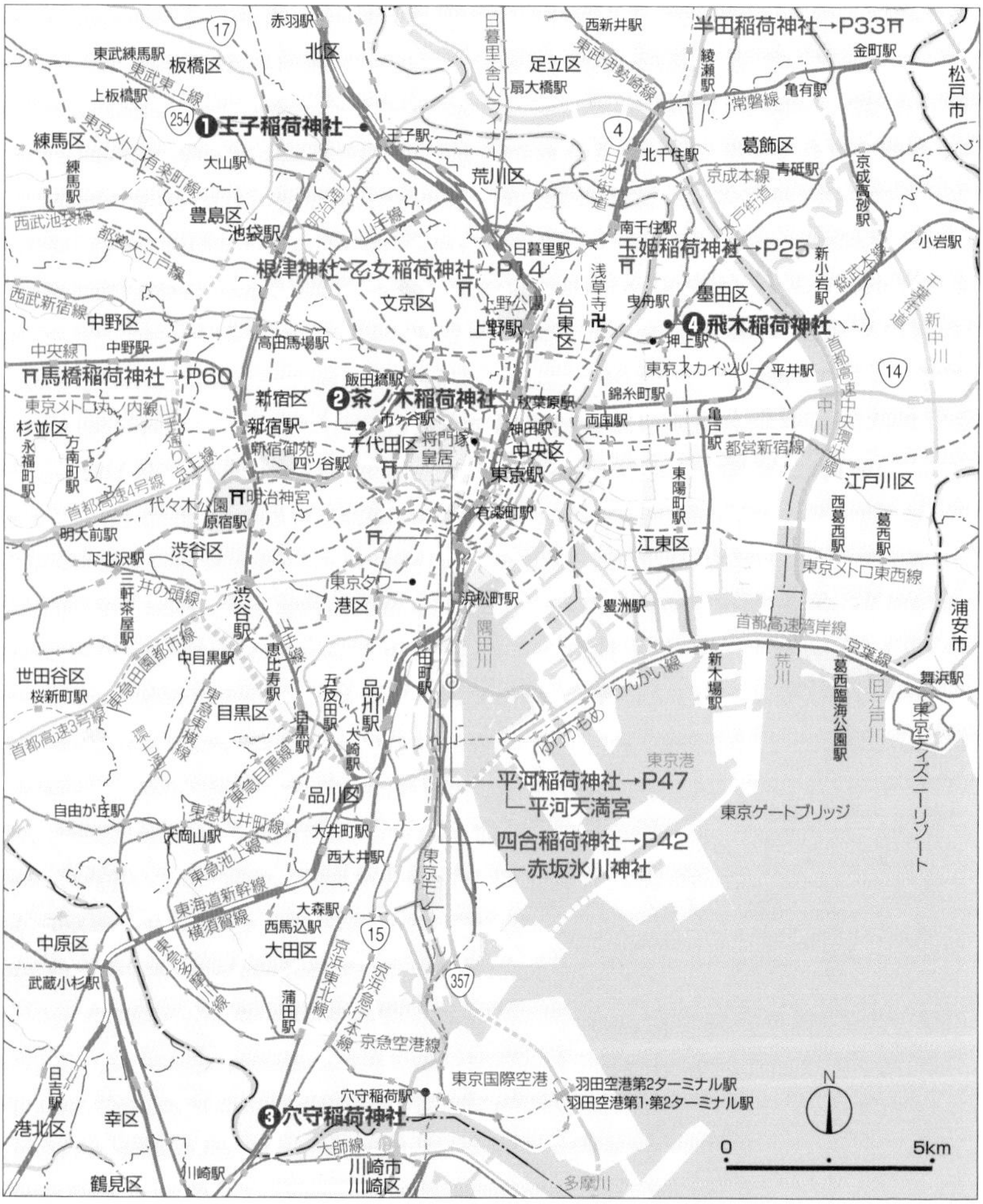

❶王子稲荷神社
❷茶ノ木稲荷神社
❸穴守稲荷神社
❹飛木稲荷神社
半田稲荷神社→P33
玉姫稲荷神社→P25
根津神社 乙女稲荷神社→P14
馬橋稲荷神社→P60
平河稲荷神社→P47
平河天満宮
四合稲荷神社→P42
赤坂氷川神社

❶ 王子稲荷神社◉JR・南北線王子駅　❷ 茶ノ木稲荷神社◉JR・有楽町線・南北線・都営新宿線市ヶ谷駅
❸ 穴守稲荷神社◉京急線穴守稲荷駅　❹ 飛木稲荷神社◉地下鉄ほか押上駅、東武線曳舟駅

「稲成り」「稲荷」が神名の由来 商売繁盛、五穀豊穣ほか何でも

稲荷神社の御祭神・宇迦御魂神は、「ウカ」が食物を表す「ウケ」の古形であるように、稲や食物の神です。食物神は「御饌津神」ともいい、「三狐神」の字を当て狐が神使となったといいます。総本宮の伏見稲荷大社の社伝では、和銅4年（711）、渡来系の秦公伊呂具が稲荷山三ヶ峰に氏神として稲荷神を祀ったのが始まりです。宇迦御魂神は『古事記』では須佐之男命の子、『日本書紀』では伊弉諾・伊弉冉神の子とされる古い穀霊神で、稲荷神はこの宇迦御魂神と結び付いて発展していったと考えられます。

平安時代、真言密教の開祖・空海が稲荷神に出会ったという不思議な伝承もあります。そのときの稲荷神は身の丈八尺（約26m）、その名の通り稲を荷った老翁神で、空海はこの稲荷神を守護神として東寺を開いたとされます。稲荷神はこのように仏教でも重視され、豊川稲荷系の寺では荼枳尼天という仏神を稲荷神として祀ります。

伊勢外宮の豊受大御神や保食神、大宜都比売などの食物神を稲荷神社の御祭神とすることもありますが、これらは荼枳尼天も含めすべて女神で、稲荷神にも女神説が囁かれています。

朱色の鳥居の向こうは異界？ 神社の奥の地主神も稲荷

お稲荷さまの朱色の鳥居をくぐるとき、なぜか神秘的な世界に誘われる気がします。産業が興隆した江戸時代に稲荷神は商売繁盛の神となり、鳥居は願いが通ったお礼です。かつて商いとは、道の辻や坂の下で行われるものでした。それは、異人や異界との交流を意味し、稲荷神が異界と密接に関わる〝境界〟の神であることを示唆しています。荼枳尼天もまた人の生死という〝境界〟を司る神です。

稲荷神社では神使の狐の穴を稲荷神そのもののように祀ることもあり、それは狐穴が異界への通り道とされるためといいます。石に神名を刻み稲荷山の「お塚」に奉納する祭祀形態が残っていたり、古墳の上に祀られていたり、多くの神社で主祭神より古い地主神として稲荷神が鎮座するのも不思議です。

朱色は魔力に対抗する色であるとされる（写真は麻布氷川神社の稲荷社）

江戸時代から評判の火防守護

北区岸町

1 王子稲荷神社

源頼義が奥州の安倍氏と戦った前九年の役（1051～62）の折に信仰したと伝え、当時は岸稲荷とよばれました。元亨2年（1322）、領主の豊島氏が紀州の熊野権現を勧請し、若一王子宮として奉斎したことから王子の地名が起こり、王子稲荷と改称しました。戦国時代は小田原北条氏の深い尊崇を受け、江戸時代以降は徳川将軍家代々の祈願所となります。

社殿のうち拝殿・幣殿は、文化5年（1822）に十一代将軍家斉が寄進したものが現存。戦時中の空襲で大破した本殿は、昭和35年（1960）の再建です。

江戸中期ごろから2月の初午に縁起物「火防守護の凧守」が授与されるようになると、庶民の間で大いに人気をよびました。今もこの日には「火防の凧」が頒布されています。

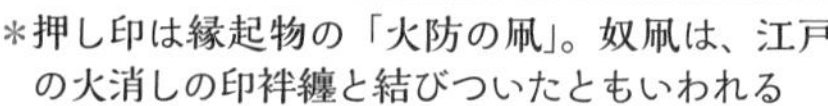
＊押し印は縁起物の「火防の凧」。奴凧は、江戸の火消しの印袢纏と結びついたともいわれる

＊御朱印500円／9時～17時（担当者がいるとき）／社務所にて授与

大晦日の狐火と装束榎

大晦日の夜、諸方から集まった狐たちは榎の下で衣装を改め、王子稲荷神社に参詣。人々は狐のともす火で翌年の豊凶を占ったといいます。これにちなみ30年ほど前から地元では「王子 狐の行列」が開催されています。

社殿　200年近く前に将軍が寄進した拝殿が現存している

⛩ 御祭神　**宇迦之御魂神・宇気母智之神・和久産巣日神**

♥ 御利益　**商売繁盛・産業守護・火防せ**

北区岸町1-12-26

03-3907-3032

JR京浜東北線、東京メトロ南北線王子駅から徒歩5分

白狐ゆかりの眼病平癒の御利益

② 茶ノ木稲荷神社

新宿区市谷八幡町

1000年余前に弘法大師がお祀りしたと伝える古社です。市谷亀岡八幡宮の境内の、石段の途中に鎮座しています。あるとき、この山にいた神使の白狐があやまって、茶の木で目を突いてしまいました。そのため崇敬者は茶を忌み、正月三が日は茶を飲まないことに。以来、眼病の人が茶を断つと霊験あらたかだったといいます。

⛩ 御祭神　**稲荷大神・保食神**
♥ 御利益　**衣食住・家内安全・眼病平癒**

新宿区市谷八幡町15（市谷亀岡八幡宮境内）　03-3260-1868（市谷亀岡八幡宮）　JRほか市ヶ谷駅から徒歩3分

＊「弘法大師開山」の墨書きが、古の由来を伝えている
＊御朱印500円／9時〜16時／社務所にて授与

羽田地区の歴史を伝える

③ 穴守稲荷神社

大田区羽田

文化文政のころ（1804〜30）、鈴木新田（現在の羽田空港内）開墾の際に荒波で沿岸の堤防に大穴ができ、苦心した村民が堤上に祠を祀ったのが草創とされます。終戦直後、羽田空港拡張のためGHQに強制退去を命じられ、地元有志の寄進によって現在地に遷座しました。旧大鳥居は撤去されず、今も旧地の近くに移されて立っています。

写真提供:穴守稲荷神社

⛩ 御祭神　**豊受姫命**
♥ 御利益　**商売繁盛・家内安全・心願成就**

大田区羽田5-2-7
03-3741-0809
京浜急行空港線穴守稲荷駅から徒歩3分

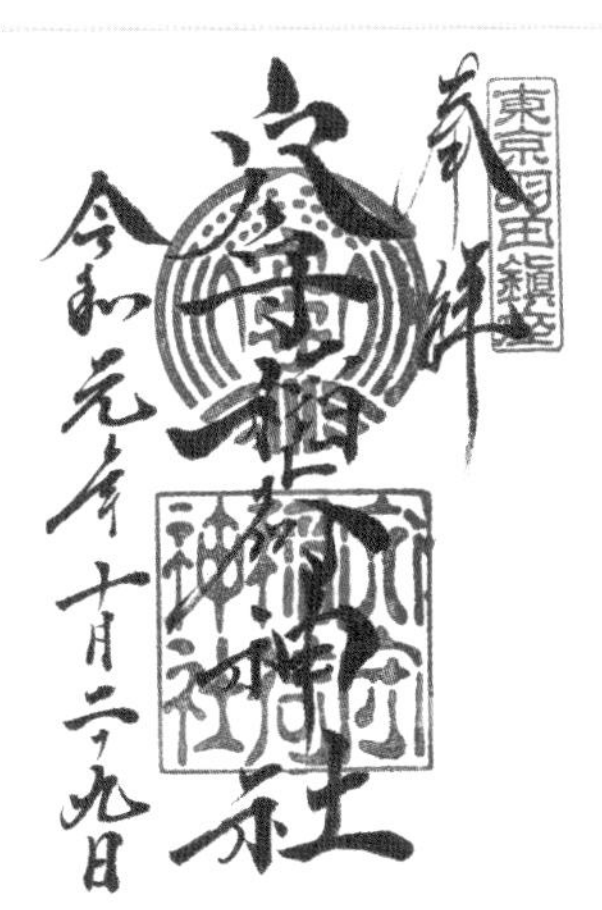

＊「穴守」の文字と豊作の象徴・稲穂の社紋が押されている
＊御朱印300円／8時30分〜17時／社務所にて授与

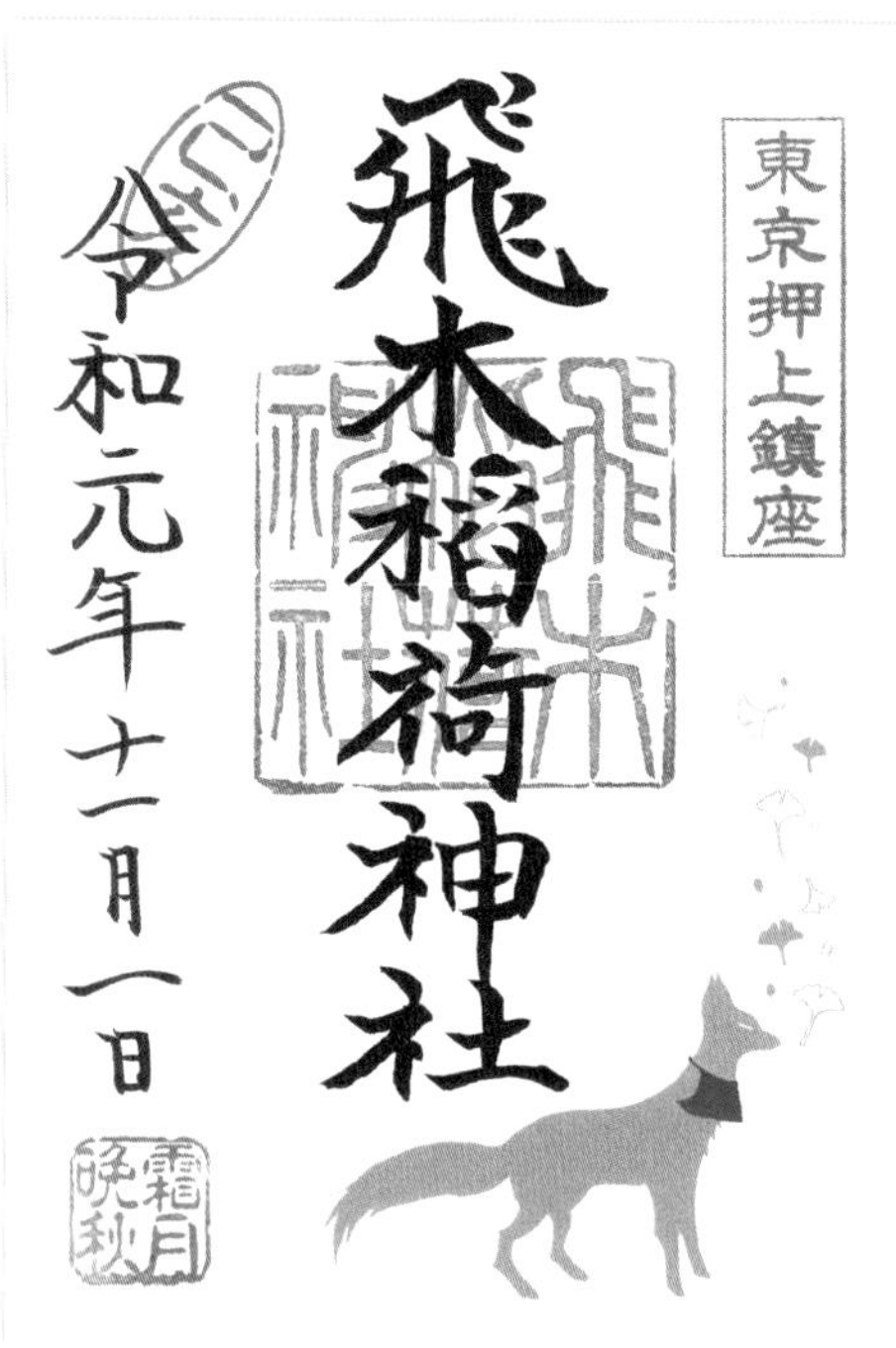

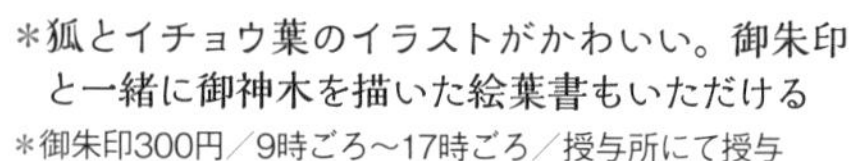
＊狐とイチョウ葉のイラストがかわいい。御朱印と一緒に御神木を描いた絵葉書もいただける
＊御朱印300円／9時ごろ～17時ごろ／授与所にて授与

境内　天をつくイチョウの大樹は地域のシンボル

社殿　空襲で焼失後、昭和27年（1952）に再建された

⛩ 御祭神　**宇迦神霊命**
♥ 御利益　**家運隆盛・厄除招福・必勝開運**

墨田区押上2-39-6
03-3611-0862
東京メトロ半蔵門線・地下鉄都営浅草線押上駅、東武伊勢崎線・亀戸線曳舟駅からいずれも徒歩4分

東京大空襲の記憶を刻む御神木

4 飛木稲荷神社（とびきいなりじんじゃ）

墨田区押上

暴風雨で飛んできたイチョウの枝が根付いたという伝説が社名の由来です。かつてこの地は請地（うけじ）（浮き地）とよばれていました。押上（おしあげ）という地名も古く、川で運ばれた土砂が堆積した中州が陸地となった様子を表しています。鎌倉時代は旧利根川（旧隅田川）が流れる武蔵国（むさしのくに）と下総国（しもうさのくに）の境界で、当社が創建されたとされる応仁（おうにん）２年（１４６８）には陸地であったことは、５００年以上というイチョウの樹齢が示すとおりです。

昭和20年（１９４５）の東京大空襲でイチョウは激しく焼かれましたが、数年後に新たな芽を吹き、その逞（たくま）しい生命力が人々に希望を与えました。幹の一部は今も痛々しく炭化したまま。でも、元気に葉を繁らせています。焼け残った枝の一部が狐を思わせる形をしているので、探してみては。

第3章 歴史さんぽ

中世以前に活躍した武将たちの
伝説と逸話に彩られた神社を訪ね
祈りと願いの場に、身を置いてみよう。

平将門と新田義興

悲運の武将を祀る神社

古来、非業の死を遂げた人物の怨霊が祟るという話は多く、その荒ぶる霊は神社に祀られました。平将門と新田義興はどちらも関東に出自を持ち、世の趨勢に抗い敗れた武将です。ゆかりの神社で彼らの魂をしのんでみませんか。

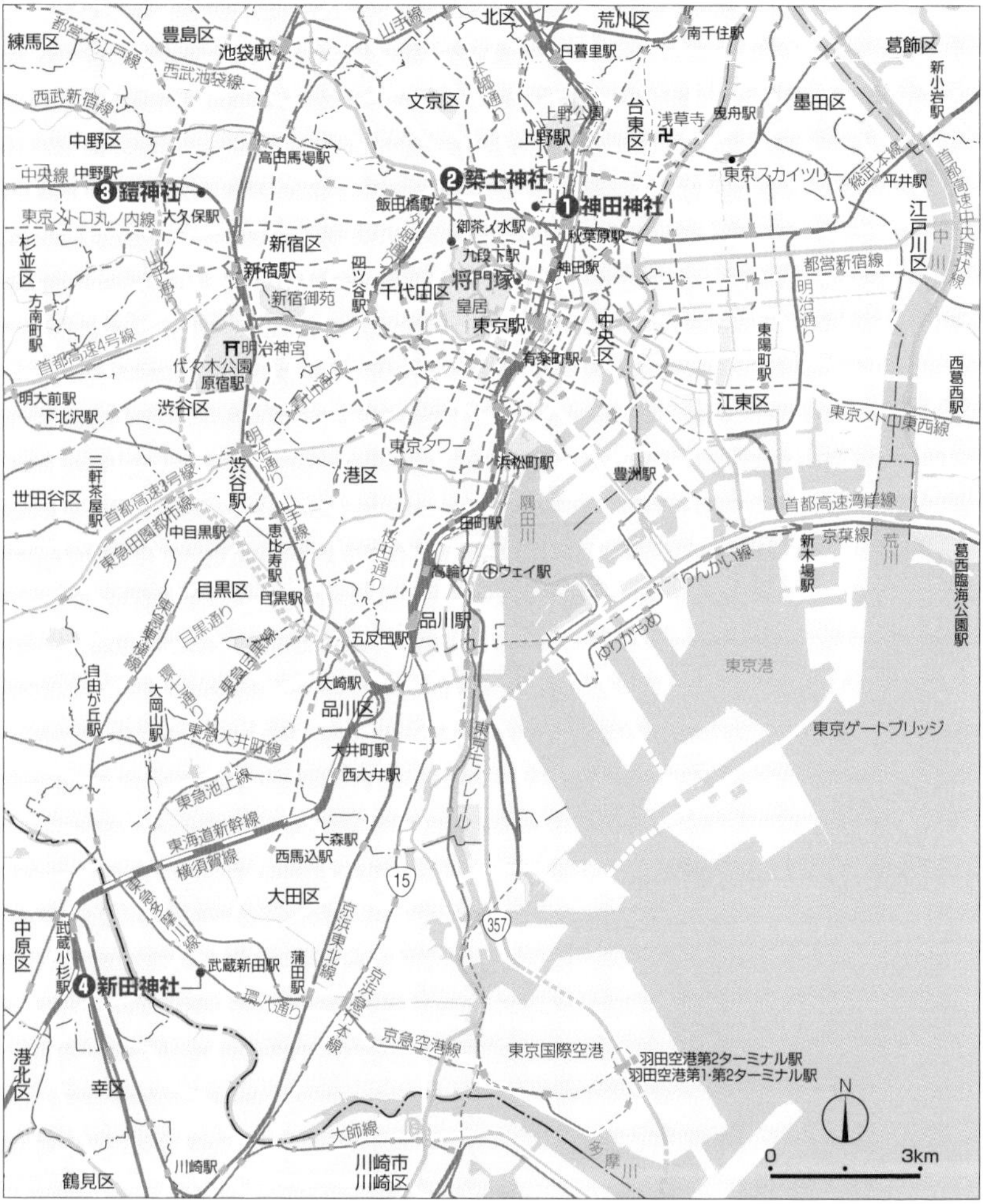

❶ 神田神社●JR・丸ノ内線御茶ノ水駅、千代田線新御茶ノ水駅　❷ 築土神社●東西線・半蔵門線・都営新宿線九段下駅
❸ 鎧神社●JR大久保駅　❹ 新田神社●東急多摩川線武蔵新田駅

関東一円をまとめあげ「新皇」を名乗った平将門

平将門は桓武天皇の五世子孫で、平氏の祖・高望王の孫にあたる、平安時代中期の豪族です。

下総国佐倉を統治していた平良将の長男として生をうけたのが10世紀前後。青年期は平安京へ出て、のちに関白となる藤原忠平に仕えますが、官位が上がらず関東に戻ります。父の死にともない親族との間で領地や婚姻に関する私闘が続き、これに連勝して関東における影響力を強めました。天慶2年（940）末に常陸国府を倒したことでついに朝廷と対立、「新皇」を自称して新たな統治者をめざしたのが、世にいう「平将門の乱」です。

『芳年武者无類』（月岡芳年画）より「相模次郎平将門」（国立国会図書館蔵）

平貞盛（清盛の先祖）と結んだ俵藤太（藤原秀郷）に討ち取られた将門の首は京へ運ばれ、晒されました。この首が故郷の関東へ向かって飛ぶ途中で落ちたとされ、各所に首塚伝説を残しました。やがて初めて武力で朝廷と対峙した「武士の祖」として、また冷遇が続いた東国人の英雄として後世に語り継がれる存在となりました。

父とともに鎌倉幕府を倒し南朝を支えた新田義興

新田義興は、元弘の乱（1331〜33）で鎌倉幕府を滅ぼした新田義貞の次男です。南北朝の対立後は父と同じく後醍醐天皇側につき、各地で北朝勢と戦いました。

足利方の内紛（観応の擾乱）に乗じて鎌倉を攻め、初代鎌倉公方・足利基氏を一時破りますが、尊氏に反撃されて敗走（武蔵野合戦）。尊氏の死後、再び鎌倉へ進撃する途中、多摩川の矢口の渡しで謀殺されてしまいます。その後、義興を討った江戸氏が狂死すると、28歳で命を絶たれた義興の祟りと恐れられました。

悲運の武将と歌舞伎・浄瑠璃

将門や義興のような悲劇的な人物にまつわる物語は、江戸時代以後に歌舞伎や浄瑠璃の題材となり、多くの人々を虜にしました。将門は常磐津節の『忍夜恋曲者』、義興は、蘭学者・平賀源内が制作に携わった『神霊矢口渡』が有名です。

御神殿　昭和9年（1934）に再建された、威風堂々の鉄骨鉄筋コンクリート造

江戸神社　内部には「青果市場の神輿」とよばれる千貫神輿が納められている

1 神田神社

1300年の歴史と108の氏子町会をもつ江戸総鎮守

千代田区外神田

天平2年（730）、出雲氏族の真神田臣が豊島郡芝崎村（現在の千代田区大手町）に大己貴命を祀ったのが始まりといいます。今も江戸時代までの「神田明神」の名で親しまれている都内有数の古社です。元和2年（1616）、江戸城拡張に伴い城の表鬼門にあたる現在地に遷座。以来、将軍家はもとより江戸庶民からも広く信仰を集め、江戸総鎮守として篤く崇敬されました。

御神殿を取り囲むように立ち並ぶ摂社のなかでも、建速須佐之男命を御祭神とする江戸神社は江戸最古の地主神で、創建は大宝2年（702）と伝わります。現在皇居となっている土地に祀られ、鎌倉時代は武蔵国の領主で江戸を開拓した江戸氏の氏神でした。太田道灌の江戸城築城後も城内にあり、扇谷上杉氏や小田原北条氏に奉祀されましたが、江戸時代に神田神社とともに現在地に遷座しました。

隔年5月に執り行われる神田祭も有名です。江戸時代は城内に神輿や山車が入り、将軍が上覧したことから「天下祭」と称されました。その誇りは今も受け継がれ、2基の鳳輦と1基の神輿が山車とともに108の氏子町会を巡行する「神幸祭」と、200基もの町神輿が次々に集結する「神輿宮入」の華やかさ、豪華さは必見です。

神田神社と神田祭に関する資料を展示する「神田明神資料館」（入館300円）、「神田明神文化交流館EDOCCO」など、境内の施設も充実しています。

御祭神　**大己貴命、少彦名命、平将門命**

御利益　**縁結び・厄除け・商売繁盛・勝負運**

千代田区外神田2-16-2

03-3254-0753

JR中央線・総武線、東京メトロ丸ノ内線御茶ノ水駅、東京メトロ千代田線新御茶ノ水駅からいずれも徒歩5分

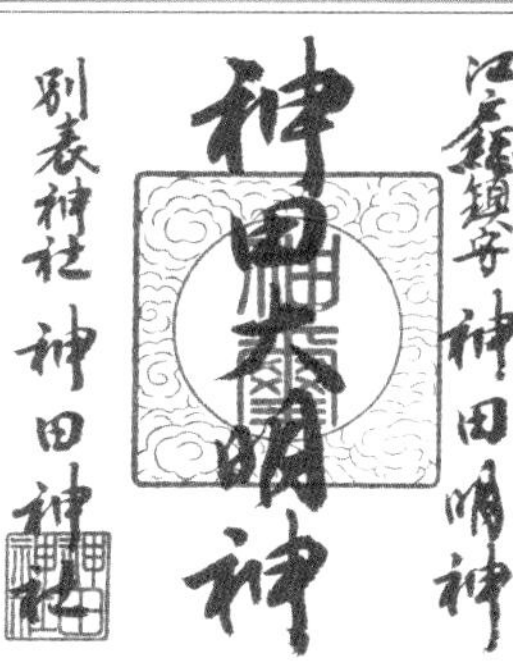

＊右に社殿の写真入りの別紙を貼り、左に印を押すという珍しいスタイル

＊御朱印300円／9時～16時／神札授与所（文化交流館内）にて授与

神田明神文化交流館EDOCCO　オリジナルみやげの店、カフェもある。伝統文化を体験できるスタジオは海外からの観光客に人気

神馬明(あかり)　神田神社のマスコット。境内を散歩する姿が見られることも

将門首塚と神田明神

神田明神創建の地であり、元は古墳だったともされる千代田区大手町1丁目の三井物産本社ビルのそばに「将門首塚」があります。ここには天慶3年（940）に戦死した平将門の首が埋葬されているといわれ、首塚と石塔婆が祀られています。京で晒された将門の首は、その後所縁の者たちによりこの地まで運ばれたそうです（自ら飛んできたという伝説もあります）。

14世紀初頭、この地で疫病が流行し将門の祟りと恐れられていたとき、時宗の僧・真教上人が荒れ果てていた塚を修復し、法号を与えて供養しました。そして塚の近くにあった神田明神に御霊を合祀したのが、平将門命が神田明神の御祭神となった由来です。

石塔婆の法号「蓮阿弥陀仏」は、真教上人の筆の模刻

平将門の首桶を受け継いだ

❷ 築土神社

千代田区九段北

平将門の首を首桶に納め、豊島郡上平河村津久戸（現・千代田区大手町周辺）に祀り津久戸明神と称したのを始まりとする古社です。江戸城築城後は太田道灌が城の乾（北西）に社殿を造営、江戸城の鎮守としました。何度かの移転を経て、明治7年（1874）に瓊々杵尊を祀り築土神社と改称。昭和29年（1954）、現在地へ移りました。

⛩ **御祭神　天津彦火邇々杵尊／相殿　平将門公・菅原道真公**

♥ **御利益　工事安全・勝運・学業成就**

📍 千代田区九段北1-14-21　📞 03-3261-3365　🚉 東京メトロ東西線・半蔵門線、地下鉄都営新宿線九段下駅から徒歩2分

＊右下の印は、将門ゆかりの「繋ぎ馬」と社紋「九曜星」

＊御朱印300円／9時～17時／社務所にて授与（事前に連絡を）

平将門の鎧が眠る社

❸ 鎧神社

新宿区北新宿

平安時代中ごろ、醍醐天皇の代にこの地に円照寺が創建された際、鬼門鎮護の神祠として祀られたのが始まりです。日本武尊が東国平定に向かう際ここに甲冑六具を蔵めたともいわれ、また平将門没後の天暦元年（947）、その死を悼んだこの地の人々が将門の鎧を埋めたとされるなど、鎧にまつわる伝説が興味深い神社です。

⛩ **御祭神　日本武命・大己貴命・少彦名命・平将門公**

♥ **御利益　勝負運・火防守護・商売繁盛**

📍 新宿区北新宿3-16-18　📞 03-3371-7324　🚉 JR総武線大久保駅から徒歩8分

＊シンプルな構成に、パワーあふれる力強い筆致

＊御朱印500円／9時～17時／社務所にて授与（不在時あり）

破魔矢発祥の神社

④新田神社

大田区矢口

非業の死を遂げ、裏切り者に祟った新田義興の霊を鎮めるため、正平13年（1358）に創建されました。境内には義興の遺骸を埋めたと伝える「御塚」があり、社宝として直筆書状や和鞍を受け継いでいます。江戸時代、平賀源内が御塚の篠竹で作った矢守が評判となり、今も初詣でおなじみの破魔矢の元祖となりました。

＊大きな破魔矢と、新田家裏家紋「桐紋」の対比がおもしろい

＊御朱印手書き500円・書き置き300円／9時～17時／社務所にて授与

御祭神　贈従三位佐兵衛佐源朝臣新田義興公

御利益　家運隆盛・厄除招福・必勝開運

大田区矢口1-21-23　03-3758-1397　東急多摩川線武蔵新田駅から徒歩3分

歩くヒント

新田義興ゆかりの社寺と「多摩川七福神」

矢口・下丸子地域には、新田神社のほかにも新田義興ゆかりの社寺が点在しています。

義興が乗っていた舟の底に穴を開けて逃げた船頭は、後に罪を悔いて地蔵を作りました。これが「頓兵衛地蔵」とよばれる地蔵菩薩立像です。この船頭の話は浄瑠璃『神霊矢口渡』にも登場します。「延命寺」は元は蓮花寺といいましたが、義興の霊が招いたとされる雷が落ちて焼失。その際、地蔵尊像だけが難を逃れたことから延命地蔵とよばれるようになり、再建された寺の名も延命寺になりました。

「十寄神社」には、矢口渡で義興とともに討ち死にした10人の従者が祀られています。

平成26年（2014）、矢口・下丸子地域の町会、自治体、商店会が中心となり、まちおこしの一環として「多摩川七福神」が設置されました。武蔵新田駅を起点に、新田神社（恵比須天）→頓兵衛地蔵（布袋尊）→矢口稲荷神社（福禄寿）→氷川神社（大黒天）→延命寺（寿老人）→東八幡神社（弁財天）→十寄神社（毘沙門天）の七社寺をめぐって新田神社に戻るモデルコースは、参拝時間を含めて所要1時間20分ほどです。

新田神社以外の社寺に御朱印はありませんが、専用の御朱印色紙に七社寺のスタンプを押して、参拝の記念にするという楽しみ方もできます。

御朱印色紙　初めに新田神社で購入（1000円）。七福神をめぐって新田神社に戻り、備え付けのスタンプを押して完成させる

武士に深く信仰された神仏習合の神様

源氏ゆかりの八幡神社

奈良・平安時代に国家鎮護の神となった八幡神（はちまんしん）は応神（おうじん）天皇の神霊とされ、源氏は祖神として崇敬しました。都内には源氏の武将たちの創建と伝える神社がいくつもあり、東国における源氏の勢力拡大の歴史が伺えます。

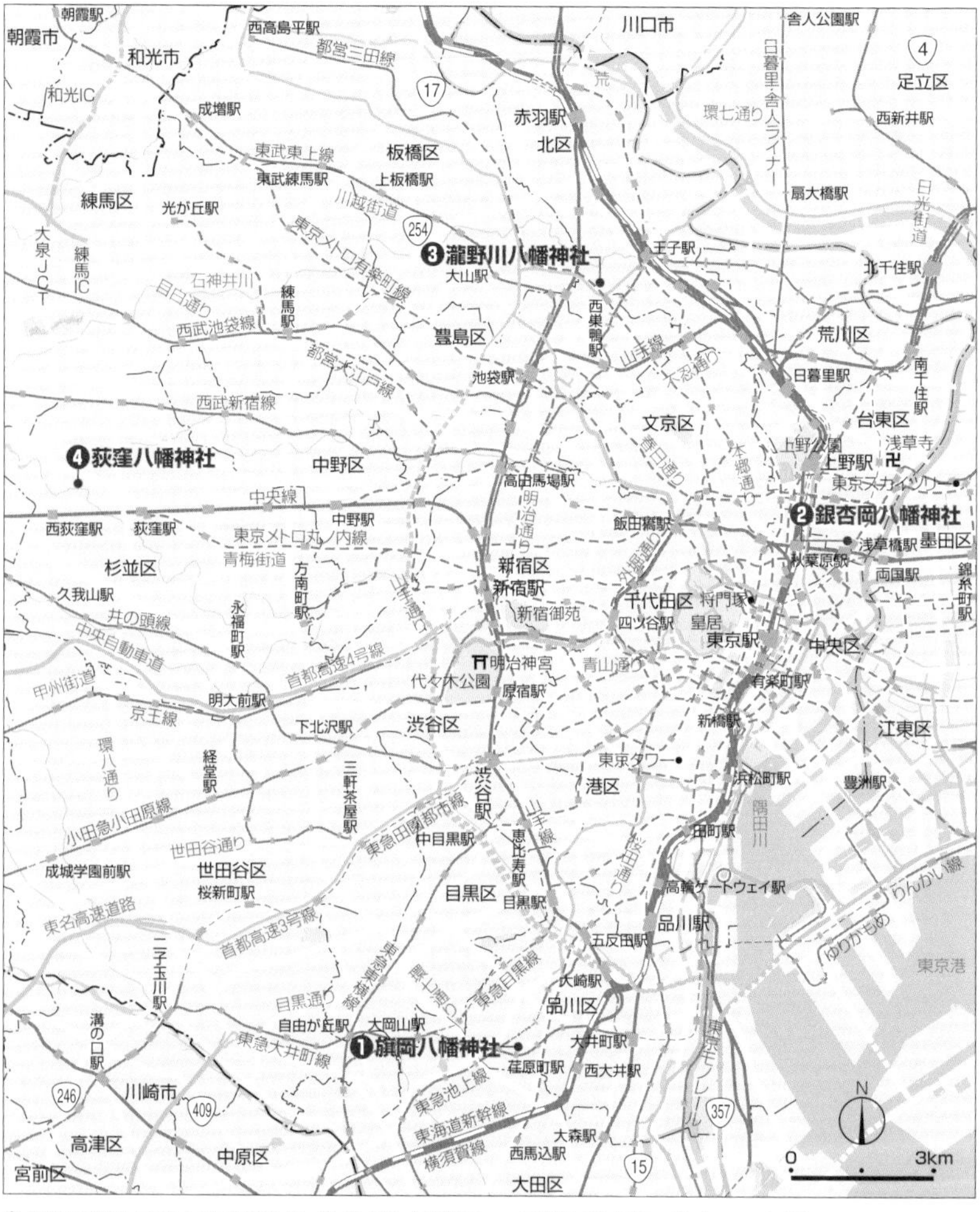

❶ 旗岡八幡神社●東急大井町線荏原町駅　❷ 銀杏岡八幡神社●JR・都営浅草線浅草橋駅　❸ 瀧野川八幡神社●都営三田線西巣鴨駅
❹ 荻窪八幡神社●JR西荻窪駅

「八幡神社」の扁額を揚げた荻窪八幡神社の鳥居

朝廷も武家もこの神が頼り 江戸の庶民も「八八幡詣で」

全国に八幡神社は4万社以上あり、総本宮は、神亀2年（725）に豊後国（大分県）宇佐の地に八幡神を祀って創建された宇佐神宮です。

八幡神は第15代応神天皇の神霊とされ、皇祖神として位置付けられたことから、朝廷から伊勢神宮と同様の崇拝を受けました。東大寺建立の際に、不足していた金が国内から産出すると予言したことで、東大寺の鎮守（手向山八幡宮）となります。奈良時代末期には、僧道鏡の野望を託宣によって退け、皇位継承の危機という国難を救ったことから、国家鎮護の神としての地位を確立しました。

東大寺と深く関わったことから、八幡神は神仏習合色が濃く、僧の姿をした神像や曼荼羅が今も残っています。天応元年（781）に朝廷から賜った「八幡大菩薩」（仏教に守られる八幡神の意）の称号は、やがて誓いの言葉として広まりました。中世には武功をもたらす神として武士の信仰を集め、源頼朝は鎌倉に鶴岡八幡宮を建立。八幡神は武士たちによって各地の荘園に祀られるようになりました。

江戸時代になると地域の鎮守神として親しまれ、大宮八幡宮（杉並区）、穴八幡宮（新宿区）、市谷亀岡八幡宮（新宿区）、鳩森八幡神社（渋谷区）、金王八幡宮（渋谷区）、御田八幡神社（港区）、西久保八幡神社（港区）、富岡八幡宮（江東区）の8カ所の神社を参拝する「八八幡詣で」が庶民に流行しました。

身近な神なのに謎だらけ 翁から童子、鷹に変身

八幡神には往古にさかのぼる不思議な顕現伝承があります。欽明天皇32年（571）、宇佐神宮境内の菱形池の畔に8つの頭を持つ奇妙な鍛冶の翁が示現し、大神比義というシャーマンが3年間祈祷すると3歳の童子となって再び現れ、「われは誉田（応神）天皇広幡八幡麿なり」と名乗ると鷹に変身して飛び立ったといいます。民俗学者の柳田國男が八幡神を鍛冶・製鉄の神とみなしたように、この伝承からもその原像には、金属神や水神の要素が感じられます。

当初は「ハチマン」神ではなく渡来系氏族が信仰する「ヤハタ（旗は神の依代）」神だったという説、星神や道教由来の神と見なす説もあるなど、八幡神にまつわる謎はつきません。

源氏との深いゆかりを伝える

①旗岡八幡神社

品川区旗の台

平安時代中期、房総で平忠常が起こした大規模な反乱を収めるべく、河内国を本拠地とする源頼信は、追討使として下総へ赴きます。その途中、この地に宿営したところ不思議な霊力を感じ、源氏の氏神である八幡大神をお祀りして戦勝を祈願しました。これが当社の発祥とされています。その際、高台に陣を張って源氏の白旗を掲げたことから、この地は「旗岡」または「旗の台」とよばれるようになりました。

鎌倉時代中期に、源義家の末裔ともいわれる領主・荏原義宗が社殿を造営。江戸時代には、源氏ゆかりの神社として、徳川将軍家や武士から崇敬を集めました。特に弓術に携わる武士の信仰は篤く、毎年2月15日には各地から集まり、弓の競射の後に甘酒を飲む催しが開かれていたそうです。

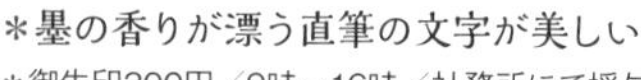

＊墨の香りが漂う直筆の文字が美しい

＊御朱印300円／9時～16時／社務所にて授与

深く知る 例大祭

当社の氏子区域は中延、荏原、旗の台と広く、特に9月の例大祭は賑わいます。100軒近い露店が境内に立ち並び、神楽殿では里神楽が奉奏されます。平成29年(2017)には台輪(土台部分)三尺七寸のきらびやかな大神輿が新調され、町内を練り歩きました。

拝殿　平成26年（2014）に改修され、鮮やかに塗り替えられた

⛩ 御祭神　**誉田別命・比売大神・息長帯比売命**

♥ 御利益　**開運厄除・攘災招福・安産祈願**

品川区旗の台3-6-12

03-3781-5800

東急大井町線荏原町駅から徒歩2分

隅田川をゆく舟の目印になった

台東区浅草橋

②銀杏岡八幡神社

前九年の役鎮定のため陸奥国へ向かう途中、源頼義・義家父子は隅田川を流れてきたイチョウの枝を、この地の丘に挿して戦勝を祈願。康平5年（1062）、凱旋する義家が立ち寄ると元気に根付いていたことから、八幡神を勧請したのが当社の始まりです。このイチョウは江戸の人々にも親しまれましたが、大火で焼けてしまいました。

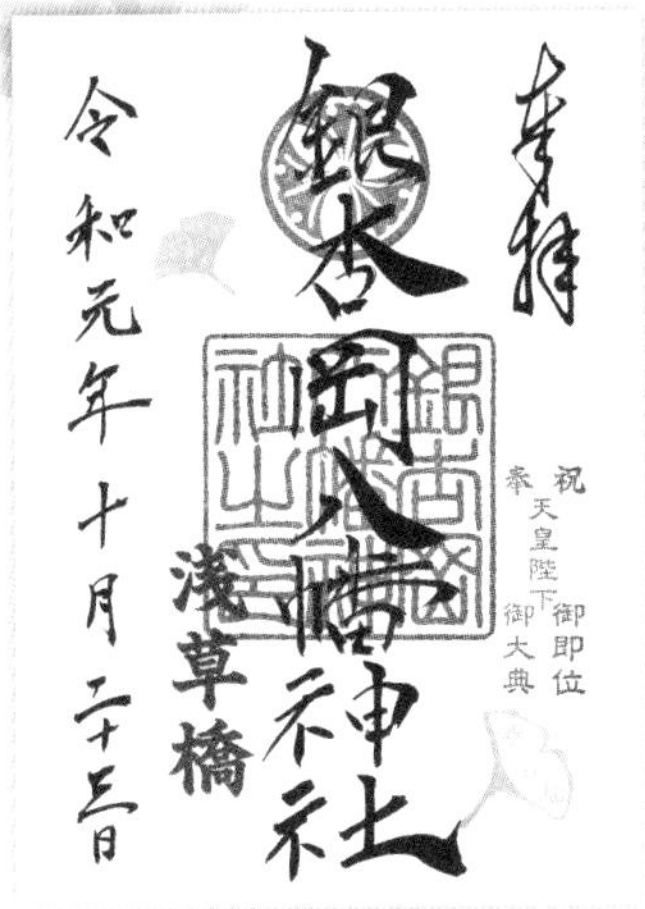

⛩ 御祭神　誉田別皇命／相殿　武内宿祢命

♥ 御利益　健康長寿・商売繁盛

台東区浅草橋1-29-11　03-3851-1001　JR総武線・地下鉄都営浅草線浅草橋駅から徒歩1分

＊神社のシンボル、イチョウの葉のスタンプがかわいい

＊御朱印500円／9時ごろ～16時30分ごろ／社務所にて授与

深く知る

源氏のヒーロー、八幡太郎義家

東京には、河内源氏の棟梁だった源頼義と義家父子にゆかりの神社が多くあります。特に武勇にすぐれた義家は人気があり、千住神社（→P28）には「八幡太郎源義家陣営の地」碑が立ち、府中のけやき並木通りには「前九年の役」の帰途に義家が大國魂神社（→P72）にケヤキの苗を奉納したという言い伝えにちなみ銅像が立っています。

そもそも畿内を本拠とする河内源氏と関東とのつながりは、朝命を受けてその長男・頼義とともに房総の「平忠常の乱」を平定した、河内源氏の祖・源頼信から始まります。頼信はこの戦功によって、関東に足掛かりを得ました。

頼義は、長男の義家を京都の石清水八幡宮で元服させます。のちに天下にとどろいた義家の通称「八幡太郎」は、これに由来しています。義家の戦場での活躍はめざましく、陸奥の安倍氏と戦った「前九年の役」を描いた軍記物語『陸奥話記』には、矢を放てば必ず敵を射たとか、三枚重の甲を一矢で射抜いたと書かれています。

義家の武勇伝説が源氏の八幡神への崇敬を深め、一族の結束を高めたことは確かです。こうして源氏は関東に強力な地盤を築き、頼信の「平忠常の乱」平定から150年ほど後の元暦2年（1185）、ついに子孫の頼朝が関東の鎌倉に八幡神を守護に戴く武家政権を打ち立てました。

千住神社境内の陣営の地記念碑

府中のけやき並木通りに立つ、凜々しい表情の源義家像

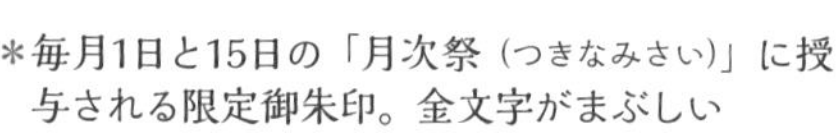

＊毎月1日と15日の「月次祭（つきなみさい）」に授与される限定御朱印。金文字がまぶしい
＊御朱印500円／9時～17時／社務所にて授与

毎月25日には、狛犬の絵入り御朱印がいただける。右は阿形の狛犬

社殿　大正11年（1922）に修築した総欅造の拝殿と本殿が現存している

御祭神　品陀和気命（応神天皇）
御利益　勝運・出世開運・家内安全

北区滝野川5-26-15
03-3916-2890
地下鉄都営三田線西巣鴨駅から徒歩7分

御朱印のVの字が勝運を招く

③瀧野川八幡神社

北区滝野川

創建は鎌倉時代の建仁2年（1202）と伝えられていますが、文治5年（1189）に源頼朝が勧請したともいわれ、定かではありません。いずれにしても800年以上の歴史があり、江戸時代は滝野川村の鎮守でした。石神井川沿いの閑静な住宅街にあり、境内は古木がそびえ、緑も豊かです。

滝野川は石神井川の別名で、江戸時代このあたりは、切り立つ崖に滝が落ちる人気の景勝地でした。さらに社殿裏手から縄文時代の住居跡（貝塚）が発見されており、太古から人が定住していた古い土地であることがわかっています。

「勝運の神」である八幡神にちなんで、御朱印の神社名は勝利（VICTORY）のVの字状に書かれています。これは平和のサインでもあるそうです。

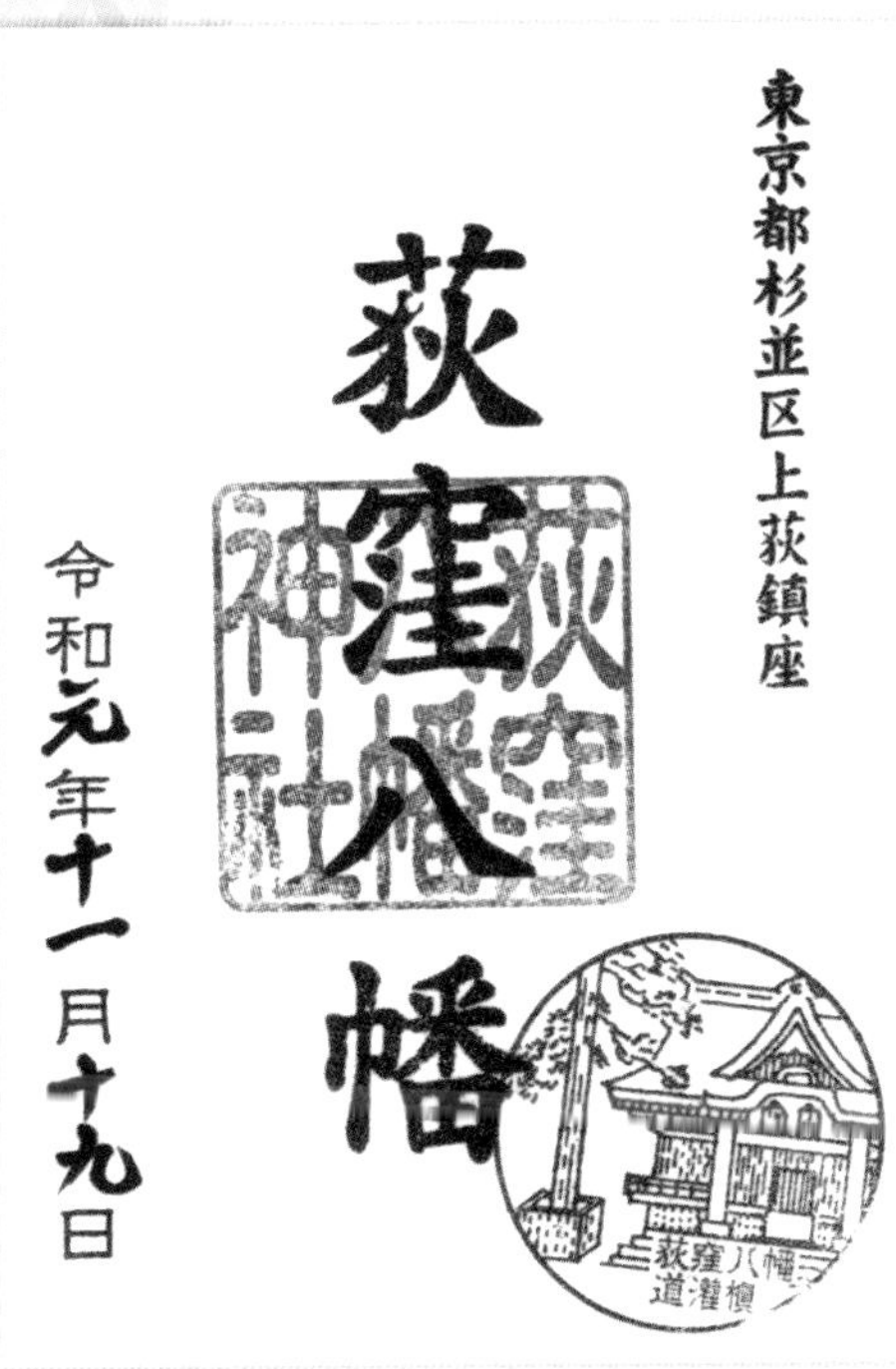

道灌槇　区の天然記念物に指定されている御神木。見上げると首が痛くなるほど高い

拝殿　昭和11年（1936）築。堂々とした威厳を感じさせる

＊神社を象徴する道灌槇と社殿のスタンプが押されている
＊御朱印300円／9時〜17時／社務所にて授与

⛩ 御祭神　**応神天皇**
♥ 御利益　**学業成就・家業隆昌・延命長寿**

杉並区上荻4-19-2
03-3390-1325
JR中央線西荻窪駅から徒歩20分

千年の社と樹齢500年の道灌槇

④荻窪八幡神社

杉並区上荻

西荻窪駅の北に広がる閑静な住宅街を抜けると、石造りの大鳥居が現れます。ケヤキなどの高木が茂る境内は、杉並区の保護樹林に指定されており、清々しい空気に包まれています。平安時代前期の寛平年間（888〜898）創建と伝えられている古社です。

永承6年（1051）、源頼義は奥州の安倍氏が起こした「前九年の役」平定に向かう途中、当社に戦勝を祈願しました。そして康平5年（1062）に凱旋すると、社殿を修復して盛大な祭礼を行うとともに、武将を駐留させて末永く祀らせました。文明9年（1477）、太田道灌はこの頼義の故事にならい、石神井城（→P111）の豊島氏を攻める前に当社で軍神祭を行いました。そのとき道灌が植えた槇は、今も御神木として祀られています。

豪族たちの夢の跡

中世の城郭跡と神社

室町時代後期には幕府の中央集権的な力が衰え、関東でも豪族・武士たちが割拠し領地を争いました。彼らは戦の拠点として城郭を築き、城の守護と戦勝を祈る神社を祀りました。今も残る、「兵どもの夢の跡」を訪ねてみませんか。

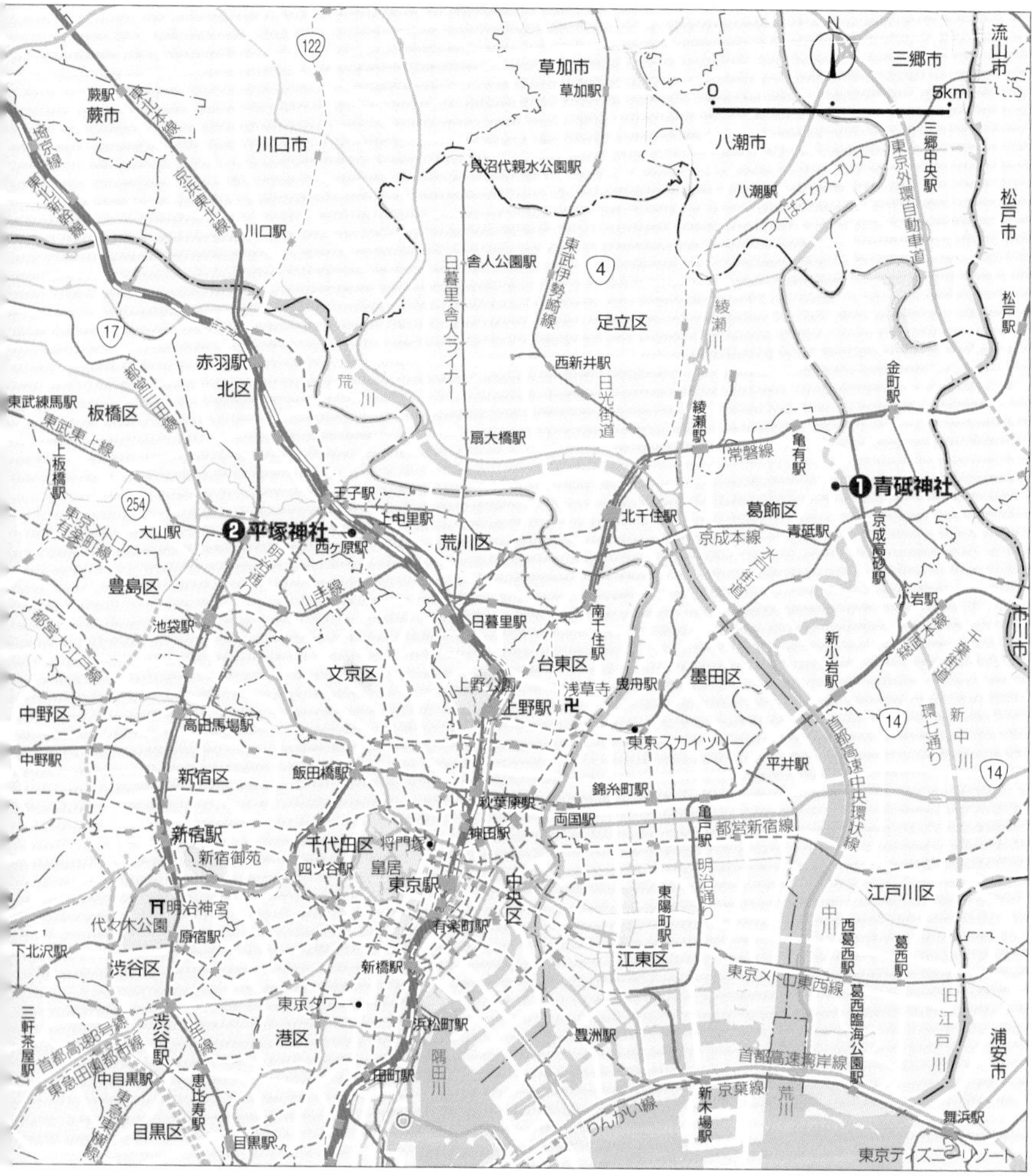

N
0
5km
122
草加市
草加駅
三郷市
流山市
蕨駅
蕨市
東北本線
埼京線
川口市
八潮市
三郷中央駅
東京外環自動車道
東北新幹線
京浜東北線
見沼代親水公園駅
八潮駅
つくばエクスプレス
川口駅
松戸市
舎人公園駅
東武伊勢崎線
4
日暮里・舎人ライナー
松戸駅
17
足立区
綾瀬川
赤羽駅
西新井駅
北区
荒川
日光街道
金町駅
東武練馬駅
都営三田線
板橋区
綾瀬駅
東武東上線
扇大橋駅
常磐線
亀有駅
上板橋駅
❶青砥神社
254
王子駅
東京メトロ有楽町線
上中里駅
北千住駅
葛飾区
大山駅
❷平塚神社
明治通り
荒川区
京成本線
青砥駅
京成高砂駅
西ケ原駅
水戸街道
豊島区
山手線
小岩駅
総武本線
南千住駅
千葉街道
市川市
都営大江戸線
池袋駅
日暮里駅
新小岩駅
文京区
台東区
墨田区
上野公園
浅草寺
曳舟駅
中野区
上野駅
14
環七通り
新中川
高田馬場駅
東京スカイツリー
首都高速中央環状線
中野駅
平井駅
14
新宿区
飯田橋駅
錦糸町駅
秋葉原駅
両国駅
亀戸駅
都営新宿線
新宿駅
千代田区
将門塚
神田駅
明治通り
新宿御苑
四ツ谷駅
皇居
東京駅
中央区
江戸川区
東陽町駅
明治神宮
中川
西葛西駅
葛西駅
代々木公園
原宿駅
有楽町駅
下北沢駅
渋谷区
江東区
新橋駅
東京メトロ東西線
葛西臨海公園駅
旧江戸川
三軒茶屋駅
首都高速3号線
渋谷駅
東京タワー
浜松町駅
豊洲駅
浦安市
東急田園都市線
港区
隅田川
首都高速湾岸線
山手線
中目黒駅
田町駅
京葉線
荒川
恵比寿駅
東急東横線
新木場駅
りんかい線
舞浜駅
目黒区
目黒駅
東京ディズニーリゾート

平塚神社の東側にある「蝉坂」。太田道灌がここを上り平塚城を攻めた「攻め坂」の転訛ともいわれる

関東でも戦乱が広がる中世
各地に城が築かれ領地を争う

城というと、天守閣を思い浮かべる人も多いでしょう。しかし本格的な天守閣は、戦国時代末期に織田信長が築いた安土城が最初といわれています。それ以前の城は、山や高台、空濠、断崖、河川といった自然の地形を生かして要害とし、土塁や塀などを築いて館を建てたものでした。

室町時代、関東を支配する鎌倉公方の北条氏と、公方を補佐する関東管領（上杉氏）はしばしば対立しました。そして、享徳3年（1454）、公方・足利成氏（後の古河公方）が関東管領・上杉憲忠を暗殺したことをきっかけに、関東は30年におよぶ「享徳の乱」へと突入します。そのころ、現在の東京都の範囲で城が200近くもあったともいわれています。一部の城跡は公園などに整備され、当時の様子を伝えています。

城の鎮守、戦勝祈願のため
豪族・武士たちは神社を建立

10世紀後半以降に成立した武士（団）は、日常が「死」と隣り合わせであり、神仏を厚く崇敬しました。名のある神社から勧請して社を創建し、城の守護とするとともに、もともと地元にあった神社も大切にしました。神社は中世以降、豪族・武士の心のよりどころとなっていたといえるでしょう。また、非業の戦死をとげた豪族・武士を祀るために建てられた神社もあります。

❶ 青砥神社●京成線青砥駅
❷ 平塚神社●JR上中里駅、地下鉄西ヶ原駅
❸ 石神井氷川神社●西武新宿線上石神井駅、西武池袋線石神井公園駅
❹ 日吉八王子神社●JR西八王子駅

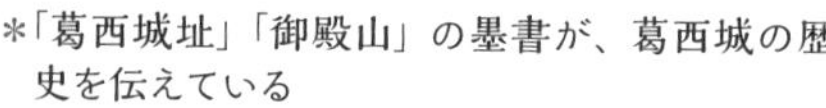
＊「葛西城址」「御殿山」の墨書が、葛西城の歴史を伝えている
＊御朱印500円／9時～16時30分／社務所にて授与

青砥藤綱城跡碑
葛西城は青砥藤綱の屋敷跡だったともいわれ、御殿山公園にその記念碑が立つ

社殿 大正7年（1918）に改築、さらに昭和36年（1961）に増築された

⛩ **御祭神** **猿田彦命・健御名方命・宇迦之御霊命・伊耶那美命・高皇産霊神・誉田別尊・菅原道真公・彌都波能目神・青砥藤綱公**
♥ **御利益** **出世開運・恋愛成就・商売繁盛・交通安全・学業成就**

03-3602-9585
葛飾区青戸7-34-30
京成線青砥駅から徒歩15分

町中の神社を合祀する総鎮守

① 青砥神社

葛飾区青戸

天正4年（1576）ごろの創始と伝わる旧青戸村、白鳥村の総鎮守です。もとは稲荷・白髭・諏訪を祀る三社明神社でした。昭和18年（1943）に青砥神社となり、昭和30年代以降、町内の多くの神社を合祀します。北条時頼・時宗に仕えた武将を祀る青砥藤綱神社もそのひとつです。藤綱は教養と人徳のある人物として知られ、江戸時代は歌舞伎にも登場しました。

葛西城は、戦国時代は国府台合戦や小田原合戦の戦場に、江戸時代は将軍家の鷹狩りの宿舎となり、明暦の大火（1657年）以後は江戸城再建のための資材源となるなど、数奇な歴史を刻みます。昭和40年代の環七通り敷設工事で遺構が発掘されましたが、その後埋め戻され、現在は葛西城址公園と御殿山公園に名前を残すのみです。

*江戸時代、盲目の人が祈願し検校に出世したことから「立身出世」の神様としても崇敬されるようになった

*御朱印500円／9時～12時、13時30分～17時／社務所にて授与

『江戸名所図会』7巻より、源義家が豊島近義に鎧を下賜する図（国立国会図書館蔵）

境内　豊島氏は平安時代、かつての豊島郡衙（ぐんが）跡に城館を建てたとされる

御祭神　**八幡太郎源義家命・賀茂次郎源義綱命・新羅三郎源義光命ほか**

御利益　**立身出世・勝ち運・病気平癒・開運厄除け・魔除け・騎乗上達（交通安全）・武芸（スポーツ）上達**

北区上中里1-47-1

03-3910-2860

JR京浜東北線上中里駅、東京メトロ南北線西ヶ原駅からいずれも徒歩3分

八幡太郎義家の鎧を埋めた塚

② 平塚神社

北区上中里

平安後期の元永年間（1118～20）に創立。八幡太郎こと源義家から鎧を下賜された領主・豊島太郎近義はその鎧を埋め、甲冑塚を築きました。塚は高さがなかったことから平塚ともよばれました。近義はこれを自らの城・平塚城の鎮守とします。そして、社殿を建てて義家・義綱・義光の三兄弟を祀ったということです。甲冑塚は、本殿の奥にあります（非公開）。

『太田道灌状』によれば、石神井城主・豊島勘解由左衛門尉は、文明9年（1477）に太田道灌軍に攻撃された際、平塚城に逃走したとされています（↓P111）。戦乱の世、豊島氏の次に平塚城主となった蘓坂兵庫頭秀次は死後、石神明神として水害や日照、疫病の除災に御神徳を顕したと伝えられ、境内に石室神社が祀られています。

石神井城、石神井郷の鎮守社

③ 石神井氷川神社（しゃくじいひかわじんじゃ）

練馬区石神井台

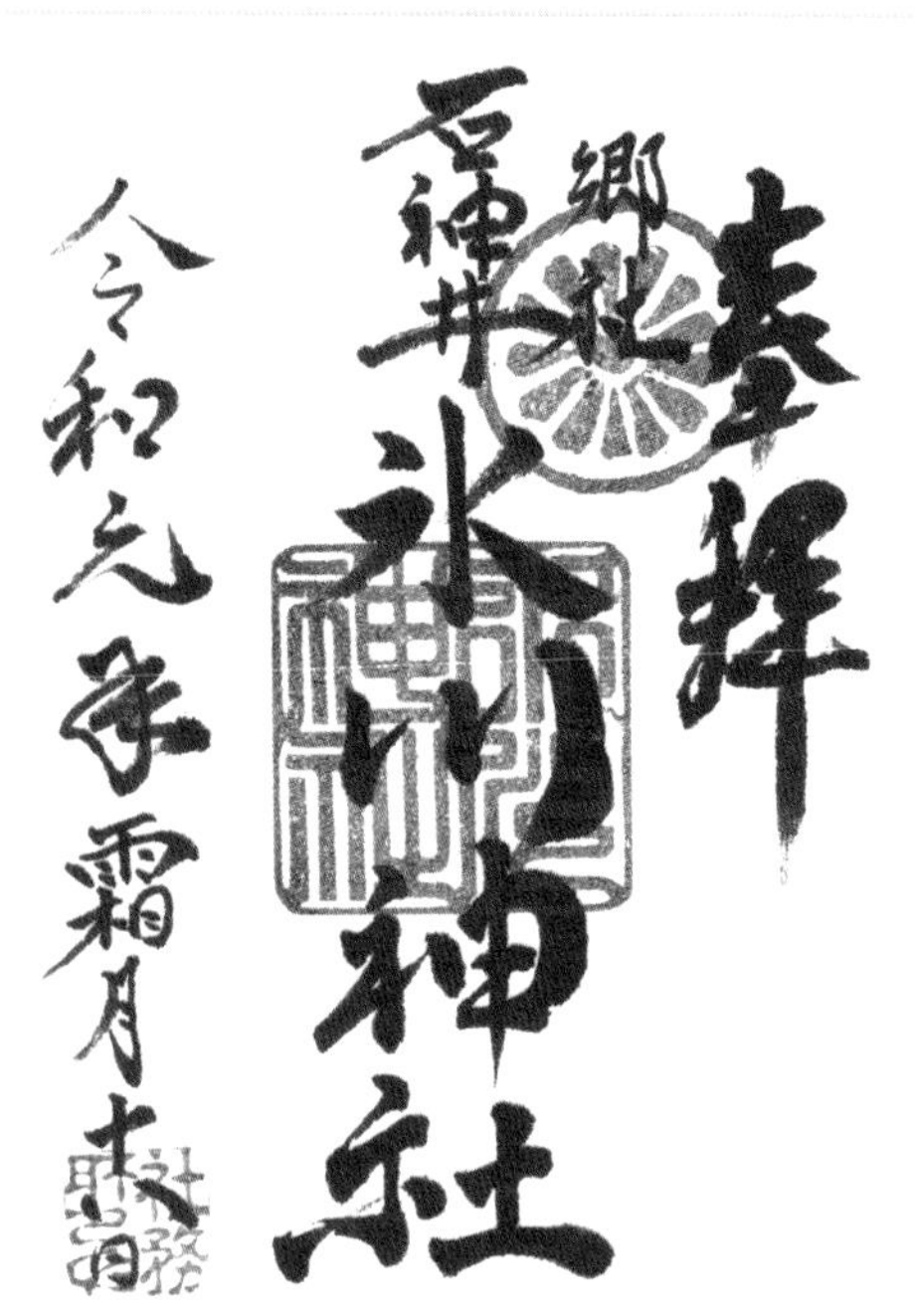

＊13弁の菊の御神紋が目を引く

＊御朱印500円（由緒書き付き）／9時〜16時前／社務所にて授与

境内　唐破風の堂々とした拝殿はじめ神楽殿、儀式殿などが立つ

石灯籠　豊島氏の子孫・泰盈（やすみつ）・泰音（やすたか）により奉納された

⛩ 御祭神　**須左之男命・稲田姫命・大己貴命ほか**

♥ 御利益　**厄除け・商売繁盛・病気平癒・安産・虫封じ**

練馬区石神井台1-18-24

03-3997-6032

西武新宿線上石神井駅、西武池袋線石神井公園駅からいずれも徒歩15分

赤松、ケヤキ、桜などが並ぶ長い参道の奥に鎮座しています。社伝によると、室町時代の応永年間（１３９４〜１４２８）に豪族・豊島氏が石神井城内に城の鎮守として、武蔵国一之宮の氷川神社から分霊を勧請し、お祀りしたのが始まり。豊島氏は豊島という地名の由来ともなった名家で、石神井氷川神社は石神井郷の総鎮守社として崇められてきました。境内には元禄12年（１６９９）に豊島氏の子孫が奉納した石灯籠一対が安置されています。

本殿・拝殿ともに流造の優美な構えです。令和元年（２０１９）には、御祈祷などを執り行う儀式殿を新設。赤ちゃんの健康と成長を祈願する「泣き相撲」や、紙紐で「ちゃがうま」を作り無病息災を祈る「ちゃがうま七夕」など伝統行事も受け継がれています。

秩父氏の一族、豊島氏が居城とした石神井城

石神井城は、平安末期に隅田川と石神井川の合流地域に進出した豊島氏が、領地西端の拠点とした平山城です。豊島氏は平安時代に関東で勢力を誇った桓武平氏の一門「坂東八平氏」のひとつ、秩父氏の一族です。

石神井城は文明9年（1477）4月、太田道灌に攻められ落城しました。しかしその間の経緯などは、勝者側の記録である『太田道灌状』（道灌側の戦功報告の書状）と、地元の伝承が相違するなど、謎が多く残されています。『太田道灌状』によれば、石神井城最後の城主は豊島泰経ではなく、豊島勘解由左衛門尉で、落城の際、平塚城（→P109）へ逃走したとされています。

最近の調査から、石神井城の築城は鎌倉後期と考えられています。石神井川と三宝寺池とに挟まれた台地に造られており、9haくらいの規模であったと推定されています。

石神井氷川神社の東側に主郭跡があり、現在も空濠と土塁の跡が見られ、往時をしのばせます（主郭跡は東京都指定史跡で原則立ち入り禁止）。主郭の内部は平坦で、陶磁器片やかわらけ（素焼きの土器）、鉄釘などが出土していて、何らかの建物があったと推測されます。

都立石神井公園は石神井城跡を中心に広がっています。園内の三宝寺池北側にある殿塚と姫塚は、落城の際、三宝寺池に身を投げたという城主・泰経と息女・照姫を祀ったものといわれています。

石神井城跡　空濠と土塁が見られる主郭跡が保存されている

深く知る

“百戦百勝”を誇った武将、太田道灌

室町時代後期の武将・太田道灌（1432〜1486）は扇谷上杉氏の重臣で、上杉氏と対立する古河公方・足利成氏勢と戦いました。

相模国、武蔵国に勢力を広げ、数々の武功をあげた道灌は築城の名手でもあり、長禄元年（1457）、麹町台地の東端に平山城を築きました。これが江戸城の初めです。さらに道灌は江戸城の守りとして、日枝神社（→P46）をはじめ柳森神社、赤城神社、市谷八幡宮、平河天満宮（→P47）など、今も残る数多くの神社を城の周辺に勧請しました。

道灌は兵学者、文化人としての顔も持ち合わせています。若き日のエピソードとしてよく知られているのが「山吹の里」伝説です。

ある日、鷹狩りに出かけた道灌は雨に降られ、農家の娘に蓑を借りようとしたところ、なぜか山吹の花を差し出され怒って立ち去ります。のちに「七重八重花は咲けども山吹の実のひとつだになきぞ悲しき」という古歌を知り、「蓑がない」という意味だったと悟り、それから歌の道にも精進するようになったということです。なお「山吹の里」は、荒川区荒川、新宿区西早稲田など、諸説あります。

明治・大正時代の作家・遅塚麗水は、歴史ロマン小説『照日の松』で、この山吹の花の娘はのちに、石神井城主・豊島泰経の弟の妻になったとつづっています。

しかし、そんな道灌も主君の上杉定正に警戒され、謀られて非業の最期をとげました。

ゆかりの地・荒川区の日暮里駅前に立つ、太田道灌騎乗像

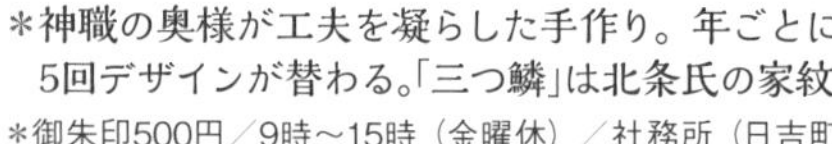
＊神職の奥様が工夫を凝らした手作り。年ごとに5回デザインが替わる。「三つ鱗」は北条氏の家紋

＊御朱印500円／9時～15時（金曜休）／社務所（日吉町13-14）にて授与（書き置きの場合あり、要問い合わせ）

社殿　西八王子の静かな住宅街の一角にある

延命子育地蔵尊　像高２尺３寸、金箔の立派なお地蔵様（写真左）を安置。今も住民に大切にされている

⛩ 御祭神　**國狭槌尊・大山咋尊・八王子八柱神・素盞鳴尊ほか**

♥ 御利益　**五穀豊穣・土地の守護・子育て・延命**

📍 八王子市日吉町8-20
📞 042-622-7634
🚉 JR中央線西八王子駅から徒歩10分

北条氏の八王子城と由縁が深い

④日吉八王子神社（ひよしはちおうじじんじゃ）

八王子市日吉町

平安中期の天慶（てんぎょう）3年（940）、約1尺の國狭槌尊（くにのさづちのみこと）の御神像を造立し祠に祀ったのが始まりです。その後、文禄（ぶんろく）4年（1595）に法印の嶋之坊俊盛（しまのぼうとしもり）が八王子城の八王子権現を勧請（かんじょう）し、日吉八王子明神社（みょうじんしゃ）として再興しました。

八王子城は、小田原北条氏の武将・北条氏照（ほうじょううじてる）が小田原城の支城として標高445mの深沢山（ふかさわやま）（現在の城山）に築いた広大な山城です。氏照は天正（てんしょう）2年（1574）に近江国（おうみのくに）・日吉山王（ひよしさんのう）七社中の八王子権現（國狭槌尊と同神）を勧請し、城の守護神としました。

俊盛は、陣触れの法螺貝（ほらがい）を吹く役を務めていた人物でした。境内に祀られている延命子育地蔵尊は、同18年（1590）の八王子城落城の際に俊盛が運び出したと伝えられており、毎月24日の午前中に開帳されています。

第4章

東京の神社を深く知ろう

江戸の町づくりの中に位置づけられ、
さまざまな由緒がある東京の神社。
背景を知れば、興味がより膨らむはず。

江戸を守る将門の「北斗七星」パワー

かつて東国（関東・東北）の一部だった東京には、旧下総国（現在の千葉県・茨城県の一部）出身の平将門ゆかりの神社が数多くあります。

伝説によれば、京で獄門に晒された将門の首は、3日目の夜、ふわふわと空に舞い上がり、故郷に帰りたいと下総を目指して飛んでいったとか。その途中で力尽き、落ちたとされる場所のひとつが「将門首塚」（P97）です。のちにその周囲で怪異が続いたため、神田明神（P96）に合祀されました。神田明神は江戸時代に現在地に遷座しましたが、首塚はそのまま留まりました。

不思議なのは、将門の鎧を埋めた鎧神社（P98）、将門を討った藤原秀郷勧請の水稲荷神社（新宿区）、かつて築土神社（P98）が同じ境内にあった筑土八幡神社（新宿区）、神田明神、将門首塚、兜を埋めた兜神社（中央区）、将門の首が飛び越えたという鳥越神社（P20）を順に線でつなぐと、江戸城の北方にきれいな北斗七星の形が浮かび上がることです。

これらは江戸時代に徳川家康のブレーン・天海僧正が、将門の地霊としてのパワーを取り入れるために配置した風水的結界ではないかと囁かれています。将門は妙見菩薩という北斗七星をシンボルとする仏を信仰していたことから、あながち根拠がない話でもなさそうです。非業の死を遂げた人物を強力な神と見なす「御霊信仰」は平安時代から始まりますが、「大怨霊」となった菅原道真のように、将門も東国における怨霊神としての霊験が期待されたのでしょうか。

将門は朝廷から見れば逆賊でも、東国の人々にとっては、独立を目指して決起した英雄です。ゆかりの神社が関東に数多く鎮座するのは、怨霊神に対する畏れだけではなく、いつまでもその伝説が語り継がれるほど魅力を秘めた人物像のゆえかもしれません。

神々の加護を切実に求めた東国武士たち

平安時代中期になると、貴族に代わって武士が歴史の表舞台に登場してきます。東国では桓武平氏を源流とする坂東八平氏、清和源氏の末裔らの武家貴族、そして武蔵七党、鎌倉党などの同族的武士団が活躍するようになりました。

坂東武者ともよばれ、「命よりも名を惜しむ」といわれた勇猛な東国武士たち。といっても彼らも人間です。朝廷にまつろわぬ蝦夷とのいつ果てるともしれない闘いに、神仏の加護は不可欠なものでした。東京には彼らが戦勝祈願したり、創建した神社が数多くあります。

平将門を討った藤原秀郷が霊地に稲荷神を祀ったと伝わるのが烏森神社（港区）です。この戦いの際に秀郷は椙森神社（中央区）に白銀の狐像を奉納したり、下谷神社（台東区）に社殿を寄進しています。

奥州遠征に際して東国武士団の組織化を進めた源頼義・義家父子は、遠征途中に吉祥を得た地に大宮八幡宮（杉並区）、六郷神社（大田区）、今戸神社（台東区）、鷺宮八幡神社（中野区）、穴八幡宮（新宿区）など多くの神社を建てています。

義家の4世孫の源頼朝は東国武士団を御家人として抱え、勢力を伸ばしました。挙兵して下総から武蔵に入る際、隅田川を渡るため牛嶋神社（墨田区）に祈願し、社殿を造営しました。安房から勧請した品川神社（品川区）や牛天神北野神社（文京区）も頼朝の創建です。

坂東八平氏の千葉氏ゆかりの神社も少なくありません。千葉氏が本拠とした石浜城の跡地に立つとされる石濱神社（Ｐ25）は、先陣を切って武功を立てる意味を込めて千葉氏が創建した「真先稲荷」を合祀し、鳥越神社（Ｐ20）や鷲神社（台東区）の神官は千葉氏嫡流が務めています。石濱神社や神田明神の境内にある江戸神社も、坂東八平氏のひとつ秩父氏の流れを汲む江戸氏が祀った氏神です。

道灌が張った「結界」を、さらに強固にした家康

室町時代に江戸城を築城した太田道灌も、東京の神社創建に大きく関わる武将です。興味深いのは、道灌が多くの寺社を建てた大きな目的が、江戸城と江戸の町を防御することにあったことです。

古代中国の風水思想に精通していた道灌は、地形や方位を重んじる風水に基づいて河越城や江戸城を築城しました。さらに江戸城を強力に防御する装置として一定の方角に寺社を置き、邪気や悪霊の侵入を防ぐ結界を張ろうと意図したのです。

道灌は、河越にあった山王権現や河越城内の三芳野天神、天然痘に罹った自分の娘を救った京都の一口稲荷神社などを江戸城内の鬼門（北東）に勧請。さらに城外鬼門にあたる柳森神社や椙森神社ほか、7つの稲荷社を創建、あるいは再建しました（「道灌七稲荷」）。北西の守護としては、築土神社（のち現在地に移転）や鎌倉の鶴岡八幡宮を勧請した亀岡八幡宮（現・市谷亀岡八幡宮）を創建しました。裏鬼門（南西）の方角には、夫人の安産を祈って誕生八幡神社（品川区上大崎）を勧請しています。

これら道灌の仕掛けた結界をさらに強固なものにしたのが、江戸幕府を開いた徳川家康です。主導したのは家康から三代将軍家光までに仕えた風水の天才・天海僧正でした。天海が城外の裏鬼門の位置に遷座させた山王権現と平河天神（三芳野天神）が、現在の日枝神社（P46）と平河天満宮（P47）です。さらに愛宕神社（港区愛宕）を創建。鬼門には神田明神（P96）と、城内の稲荷神社を太田姫稲荷神社として遷座（のち千代田区神田駿河台に移転）させました。

こうして江戸の繁栄の礎を固めた天海は、ついには家康を神として祀る日光東照宮を建立しましたが、それも真北という位置から江戸を守る結界のひとつだったというからスケールの大きな話です。

あの世とこの世の「境界」に祀られた神々

全国に鎮座する神社は10万社以上。その立地を見ると、ある特徴に気づきます。多くの神社が、高い山の上、または高台の先端、あるいは海に突き出た岬、海や湖に浮かぶ島などに建っているのです。

古代の人々は、神は私たち人間と同じ平地ではなく、天空の彼方や海の彼方に住まうと考えていました。そこで神の住む世界と人の住む世界の境目である山頂や岬などに神を祀り、やがてそこに社殿が建てられました。境目にあたる場所は、いわばあの世とこの世の境界点であり、聖地でした。

縄文海進（縄文時代に起きた海面の上昇）期の想定地図を見ると、当時の東京は海に大きく浸食され、沿岸部は深い入り江と多くの台地で成り立っていたことがわかります。その台地の端も、あの世とこの世の境界点と考えられたのでしょう。現在の地形と当時の地形を照らし合わせてみると、今ある神社の場所のほとんどは、かつての台地の先端に当たっています。日枝神社（P46）や赤坂氷川神社（P42）の地形にはその名残があります。

古墳が近くにある神社も多く、神社が立つ高台そのものが古墳という例もあります。芝東照宮の末社・円山随身稲荷大明神（港区芝公園）は都内最大級の芝丸山古墳の上に祀られ、穴八幡宮（新宿区）はその名の通り、古墳の玄室が露出した場所に建てられています。

古墳の多い多摩川流域では、旧社地が円墳上にあった伊豆美神社（P64）や、現社地が前方後円墳上にある多摩川浅間神社（大田区）などが知られています。

古墳は死者を送り出すためにあの世との境に造られたもので、神社と古墳が近くにあることは不思議ではありません。しかし神社の創建のほうが古墳造営年より古い場合もあるなど、神社と古墳の関係に明確な答えは見つかっていません。

「龍神」は、宗教が成立する以前の根源の神

東京都内で「龍神」の神社といえば、龍神がすむ聖地として知られる京都の貴船神社と同じ祭神を祀る荏原神社（品川区）、五方位を守護する五龍神を祀る田無神社（西東京市）が知られています。

ほかの神々のように固有の名を持たない「龍神」とは、いったいどんな神なのでしょうか。全国の湖川や池、沼、海に浮かぶ島などには必ず古い龍神伝説があるように、龍神は水の神です。深い水底に棲み、ときに天に翔け上がり雷や雨をもたらすことから降雨の霊験で知られています。また、龍は想像上の動物であるため、現実の蛇と同一視して「龍蛇神」「蛇神」ともされます。

江島神社（神奈川県藤沢市）や九頭龍神社（神奈川県箱根町）には、悪行を繰り返していた9つの頭を持つ九頭龍が悔い改め、霊験あらたかな神になったという話が伝わります。

龍神は仏教にも登場します。沙伽羅龍王をはじめとする「八大龍王」は、幾千万億の眷属とともに釈迦の説法を聞いて仏法に帰依し、「天龍八部衆」（仏法を守護する8神）に所属する「護法善神」となりました。仏教の中に龍神がいるのは、仏教の生まれたインドで民間に信仰されていた「ナーガ」という龍蛇神が、そのまま取り入れられたからです。中国でも古来、龍神信仰は強く、民間信仰の道教において宇宙の中心をいう「北辰」の「辰」とは龍のことです。

日本の神社では、古くから信仰されていた龍神と、罔象女神や高淤加美神、弁財天など同じ水の神が習合されて信仰される形が多く見られます。

『記紀』神話で須佐之男命と闘ったのも8つの頭を持つ大蛇（＝龍神）だったことを思うと、龍神は、宗教という信仰形態が成立する以前からの最も根源的な神ではないかと考えられるのです。

牛頭天王に妙見さま。神仏習合の謎の神

江戸時代以前の日本の信仰は、「神仏習合」であることが一般的でした。この神仏習合とはどのようなものなのでしょうか。

日本の神は、平安時代に成立した「本地垂迹説」という思想によって仏教の仏（本地）が仮に神として現れたもの（垂迹）と考えられていました。たとえば天照大御神も、その本来の姿は仏教の大日如来とされていました。

その仏教も、じつはインドのヒンドゥー教の土着の神々と習合して成立したもので、インドから中国に渡った仏教は、さらに中国の民間信仰である道教とも習合しました。

このような経緯から日本の神々は、多くの神格を併せ持つことになりました。明治時代に神仏が分離されたのちも、かつての名でよばれることの多い神々がいます。

そのうち東京に多いのが「牛頭天王」です。江戸氏が氏神として崇敬し、須賀神社、八坂神社、八雲神社など多くの神社の御祭神でした。ヒンドゥー教の神を起源とし、仏教に取り入れられて釈迦が説法をした祇園精舎の守護神となり、日本では「祇園さま」として知られるようになりました。各地に伝わる「蘇民将来説話」の武塔天神とも同神とされます。明治の神仏分離以降は、同じ疫神の神格を持つ素戔嗚尊として信仰されています。

「妙見さま」は北極星や北斗七星を象徴する菩薩で、正式名は北辰妙見菩薩。「妙見」とは妙なる視力、つまり物事の真理を見通すという意味です。仏教の菩薩ですが、北極星が全宇宙を司るとする道教の北辰信仰が基になったと考えられます。日本では密教や修験道を通じて取り入れられ、坂東八平氏の本拠地、上総・下総や常陸ではこの妙見信仰が盛んでした。現在は天之御中主神として妙見本宮千葉神社（千葉市）などに信仰が残っています。

その起源は鶏を止まらせた横木　鳥居のいろいろ

神社の入り口には、大きな鳥居が立っています。鳥居はここから先が神域であることを示す、いわば神社の玄関口です。天照大御神が籠った岩屋の前で、横木に止まらせた鶏を鳴かせたのが起源とされています。60種類以上もあるといわれる鳥居のうち、主なものをご紹介します。

鳥居は、シンプルな「神明系」と装飾的な「明神系」の二つに大きく分けられます。基本は2本の柱に2本の横木を渡した形。横木のうち、上の木を笠木、下の木を貫といい、神明系は笠木に反りがなく、明神系は中央に額束が付きます。

【神明鳥居系】

「神明鳥居」

笠木や柱が円柱形で、貫は柱を突き抜けていません。伊勢神宮の鳥居をはじめとする伊勢鳥居は素木が多く使われ、笠木が五角形で両端が襷墨（斜め下に切り落とすこと）、貫が四角形です。

「鹿島鳥居」

神明鳥居の笠木の端を襷墨にし、四角形の貫が柱を突き抜けているのが特徴です。

「黒木鳥居」

樹皮の付いた生木が使われているため、黒っぽく見える鳥居です。

【明神鳥居系】

「明神鳥居」

笠木・島木が反り上がり、両端は襷墨。貫の上には楔と額束、貫が突き抜けた柱は傾き、柱の下部には亀腹が付いています。

「春日鳥居」

明神鳥居の笠木・島木を水平にした形で、島木は襷墨ではなく垂直に切られています。

「根巻鳥居」

柱の根元に根巻（藁座とも）を巻いて、保護している鳥居です。

「山王鳥居」

明神鳥居の上に合掌型の破風が

あり、三角の山のように見えます。根巻が付いています。かつて「山王権現」とよばれていた神社に多くみられます。

日枝神社（P46）の山王鳥居。印象的な山型の破風が、御祭神が山の神であることを表している

「台輪鳥居」

島木と柱の接合部に台輪と呼ばれる輪が付いています。稲荷神社に多くみられる鳥居です。

「両部鳥居」

台輪鳥居が基本で、柱の前後に袖柱（稚児柱）があり、そこにも小さな屋根が付いています。安定性をよくするためでもありますが、両部とは密教の金胎両部を表すともいい、神仏習合の名残のある鳥居です。

「唐破風鳥居」

笠木・島木の中央が湾曲し、優美な曲線を持つ唐破風のような形の鳥居です。

「三輪鳥居（三ツ鳥居）」

明神系の鳥居の左右に小型の脇鳥居が付き、3基の鳥居が横に連なっています。奈良県の大神神社の鳥居から名が付いています。

「三柱鳥居」

神明系の鳥居を、上から見ると三角形になるように組み合わせた全国的にも珍しい鳥居です。柱は3本、鳥居への出入り口も三カ所です。東京では墨田区向島の三囲神社にあります。

半田稲荷神社（P33）の台輪鳥居。反りがみごとな明神鳥居に台輪と根巻が付いている

系統で異なる神様の住まい　社殿のいろいろ

鳥居の先には、さまざまな社殿が鎮座しています。このうち御祭神をお祀りしているのが本殿、その手前に参拝をするための拝殿が建てられているのが一般的です。ふつうは拝殿に向かって参拝しますが、正式参拝では拝殿に上がって昇殿参拝をします。このほか規模の小さな摂社や末社もあります。

社殿にも大きく伊勢神宮を代表的建築とする神明系と、出雲大社を代表とする大社系があります。神明系の入り口は平入り（屋根の傾斜しているほうを正面とする）、大社系は妻入り（屋根の三角形のほうを正面とする）です。

【神明系】

「神明造」

屋根は切妻造（本を伏せたような形）、平入りで、白木を用い、柱は掘立柱です。弥生時代の高床式建築から発達したとされています。屋根に千木と鰹木があり、社殿に「心御柱」があります。伊勢神宮（三重県伊勢市）の正殿は「唯一神明造」と呼ばれます。

「流造」

神明造を基本とし、向拝を覆うように屋根の庇を長く伸ばした形です。神社建築のうちでもっとも数が多いといわれます。賀茂御祖神社（京都市）の本殿が代表的な建築です。

「日吉造」

正面・背面だけでなく、両側面にも庇（向拝）が付いているのが特

流造の新田神社（P99）拝殿。この奥に明治神宮から下付された神明造の本殿・幣殿が鎮座する

徴で、全国的にも珍しい様式です。代表的なものは日吉大社（滋賀県大津市）の本殿です。

「八幡造」

前殿と後殿（どちらも本殿）の2棟が軒を連ねている形式で、合いの間で連結されています。横から見ると屋根は「M」字のように見えます。代表的なものは宇佐神宮（大分県宇佐市）の本殿です。

【大社系】

「大社造」

神明系との大きな違いは妻入りという点で、白木を用い、柱は掘立柱です。古代の宮殿や住居から発達したとされ、ほぼ正方形の内部が9本の柱で4つに区切られ、神座は一番奥です。屋根には高く伸びる千木と鰹木があり、正面には階隠付きの階段があります。

「住吉造」

大社造同様、妻入りで、千木と鰹木があります。社殿の内部は内陣と外陣に分かれています。壁は白、柱は丹塗りで、周囲は玉垣で覆われています。代表的なものは住吉大社（大阪市）の本殿です。

「春日造」

大社造、住吉造より小さい一間社で、丹塗りで屋根を反らした優美な様式です。正面に階段があり、社殿と同じ幅の階隠が付いているのが特徴です。代表的なものは春日大社（奈良市）の本殿です。

【その他】

「権現造（八棟造）」

八幡造と類似し、本殿と幣殿と拝殿を「工」の字型に連結した複雑な構造です。「東照大権現」を祀る全国の東照宮に多く見られます。

「浅間造」

寄棟造（四方向に勾配を持つ）、または入母屋造（切妻造と寄棟造を組み合わせた形）の屋根の社殿に「流造」の社殿が乗るという、珍しい二重構造です。代表的なものは富士山本宮浅間大社（静岡県富士宮市）です。都内では多摩川浅間神社（大田区）の拝殿がこの様式です。

権現造の神田神社（P96）社殿。関東大震災ののち、鉄骨鉄筋コンクリート・総朱漆塗で再建された

『古事記』に描かれた神々の物語をおさらい

『古事記』は和銅5年（712）に成立した日本最古の史書です。神々の活躍する神代と、それに続く初代神武天皇から三十三代推古天皇までの事績が記されています。そのうち神代の物語をおさらいしましょう。

天地開闢、神々の誕生

天と地が初めて分かれた天地開闢のとき、天之御中主神ほか「別天つ神」五柱と、国之常立神ほか「神世七代」の七柱の神々が現れたのが、世界の始まりです。

その第七代、「伊邪那岐神」と妻の「伊邪那美神」が、国土や多くの神々を生みましたが、最後に火の神「迦具土神」を生んだとき、伊邪那美神は大火傷で亡くなってしまいます。伊邪那岐神は悲しんで死者の住む黄泉の国へと追いかけますが、見るもおぞましい姿に変わり果てた妻を見たとたん、地上に逃げ帰ってしまいます。伊邪那岐神が川で禊ぎ祓えをしたところ、左目を洗ったときに「天照大御神」が、右目からは「月読命」が、鼻からは「須佐之男命」が生まれました（三貴子）。伊邪那岐神は天照大御神に天上の高天原を、月読命には夜を、須佐之男命には海原を治めるよう言い渡します。

ところが「三貴子」のうち、須佐之男命だけは大きな声で泣き続けるばかり。その理由が母のいる根の堅州国に行きたいためだと知ると父は怒り、須佐之男命を地上から追放することにしました。

天照大御神の岩屋籠り

須佐之男命が天照大御神に暇乞いをしようと、山川を震わせながら高天原に上がっていきます。その音を聞いた天照大御神は弟が自分の国を奪いにきたと考え、武装して出迎えます。そこで二人は天の安河原で誓約をします。天照大御神が須佐之男命の剣をかみ砕いて吐き出した息から「多紀理毘売命」「市寸島比売命」「多紀都比売命」（宗像三女神）が、同様に天照大御神の玉の緒からは「天之忍穂耳命」など五柱の神々が生まれました。自分の持ち物から生まれたのが女神だったことで潔白が証明された、その喜びのあまり、須佐之男命は神聖な機屋に逆さ剥ぎにした馬を落とし入れるなどの乱暴狼藉を働きます。天照大御神が怒って天の岩屋に籠ると、天も地も一瞬にして闇に包まれてしまいました。

困った神々が岩屋の前で「天宇受売命」に踊りを踊らせるなど大騒ぎをし、天照大御神が岩屋を少し開けたところを力持ちの「天手力男神」がひっぱり出すと、ようやく世の中に光が戻ってきました。

須佐之男命と大国主神の活躍

高天原から追い出された須佐之男命は、出雲国の斐伊川の上流に天降り、櫛名田比売という娘を助けるために8つの頭を持つ八岐大蛇と戦います。8つの樽に酒を満たし、酔った八岐大蛇の首を切り落とすとその尻尾から一本の太刀が現れ、須佐之男命はそれを天照大御神に献上。これがのちの皇室の三種神器の草薙剣となります。

この須佐之男命の子孫が「大穴牟遅神」です。大穴牟遅神は多くの兄を差し置いて因幡の八上比売を娶ることになったために命を狙われ、須佐之男命の住む根の堅州国に逃げ込みます。が、ここでも須佐之男命から試練を与えられ、須勢理毘売の助けで何とか地上に脱出。「大国主神」と名乗り、海の彼方からやってきた小さな神「少名毘古那神」と力を合わせて、葦原中国の国造りを成し遂げました。

国譲りから天孫降臨へ

ところがこの豊かになった地上の国を天照大御神の子孫に譲るようにと、高天原から「建御雷神」が遣わされてきました。大国主神も、子の「事代主神」と「建御名方神」も、最初は抵抗しながらもそれに従います。

こうして天孫降臨の準備は整い、「猿田毘古神」という容貌魁偉の神に道案内されながら、天照大御神の孫「邇邇芸命」は筑紫の日向の高千穂の久士布流岳に降り立ちました。その邇邇芸命から「穂穂手見命（山幸彦）」、「鵜葺草葺不合命」までを「日向三代」の神々といいます。この神代最後の鵜葺草葺不合命の子として「神倭伊波礼毘古命」（初代天皇）が誕生し、人代が始まっていくのです。

五十音順さくいん

あ

か

本書の取材・執筆にあたり、ご協力いただきました神社および
関係各位に篤く御礼申し上げます。

- 企画・制作　阿部一恵（阿部編集事務所）
- 取材・執筆・撮影　久能木紀子・新井鏡子・荒井浩幸・小川智史
- 写真協力　赤坂氷川神社／穴守稲荷神社／亀戸香取神社／小村井香取神社
荒川区
- 表紙デザイン・本文デザイン　岩城奈々
- 地図製作　株式会社千秋社

神様と縁結び 東京の神社 ぶらりおさんぽ 御朱印ブック

2020年4月5日　初版第1刷発行

著　者　久能木紀子
編　集　ブルーガイド編集部
発行者　岩野裕一
発行所　株式会社実業之日本社
〒107-0062　東京都港区南青山5－4－30
CoSTUME NATIONAL Aoyama Complex 2F
☎（編集）03-6809-0452　☎（販売）03-6809-0495
ホームページ　https://www.j-n.co.jp/
DTP　株式会社千秋社
印刷・製本　大日本印刷株式会社

ISBN978-4-408-33913-9（第一BG）